은퇴

은퇴

In Rente

우리 생애 최대의 전환점

볼프강 프로징거 지음

김희상 옮김

청미

일러두기

본문의 각주는 독자의 이해를 돕기 위해 추가한 옮긴이의 주로서
따로 '옮긴이 주'라고 표시하지 않았음을 밝혀둔다.

"영원한 휴일은 지옥의 정의다."

조지 버나드 쇼

차례

6개월 전

늙음도 은퇴도 결국은
모두가 공평하게 맞이할 시간이다

물론 이제는 젊지 않다.
그러나 늙지도 않았다.
그저 삶의 한복판에 섰을 뿐이다.

드디어 그날이 되었다. 토마스 헤커Thomas Hecker는 조금 두렵
기는 했다. 하지만 이렇게 끔찍하리라는 예상은 전혀 못 했다.

독일 연금보험공단에 전화했던 때는 3월이었다. 몇 달 뒤면
헤커는 65세 생일을 맞는다. 이제 그가 맞이할 상황이 어떤 건
지 자세히 알아봐야 할 때다. 연금 말이다. 헤커는 지금껏 연금
문제를 거의 신경 쓰지 않았다. 그는 연금보험공단에 전화해서
일단 상담 날짜를 잡아달라고 부탁했다.

"선생님은 언제 그때가 되시나요?"

오랜 세월 관청에서 일하며 친절한 태도가 몸에 밴 전화 속
남자가 물었다.

"6개월 정도 남은 것 같은데요."

"그럼 오시는 대로 연금 신청을 하실 수 있습니다."

남자는 이렇게 말하며 연금 신청에 필요한 모든 서류의 리스트를 우편으로 곧 발송해주겠노라고 했다. 그러면서 이런 신청 절차가 반드시 필요하다고 덧붙였다.

헤커는 리스트라는 게 영 꺼림칙하기만 했다. 그렇지만 뒤죽박죽으로 철해놓기는 했어도 반드시 필요하다는 서류들을 찾아 모았다. 사회보장번호, 납세자번호, 계좌번호, 의료보험번호, 학교 졸업장과 석사학위증서 등. 이쯤이면 연금 생활이라는 새로운 영역을 신청하기에 충분하리라고 안심했다.

헤커는 15년째 베를린에서 살고 있다. 직장 때문에 독일 남부에서 이곳으로 온 그는 여러 일간지에서 경력을 쌓은 끝에 정치, 경제, 문화를 종합적으로 다루는 한 월간지의 편집장이 되었다. 15년이라는 세월은 베를린을 고향이나 다름없게 만들어주었다. 그러나 그는 독일 연금보험공단의 건물이 어디 있는지도 몰랐으며 이번에 찾아갈 때 꽤 애를 먹었다. 연금보험공단 건물은 그가 전혀 모르던 장소 부근에 있었다.

건물에 들어서자마자 그는 불편함을 느꼈다. 관청에 올 때마다 이런 감정을 느끼기는 한다. 이를테면 관청 공포증, 관청 알레르기라고나 할까. 관청의 문만 열고 들어서면 어딘지 모르게 기가 꺾이고 자신이 왜소하게 느껴졌다. 아마도 건물의 무수한 방들, 회색빛 복도로 연결된 수많은 방들이 은근히 발산하는 권력의 냄새에 주눅이 드는지도 모른다. 연금보험공단 건물에 들어선 지금도 마찬가지다. 경비원은 담당 사무실이 5층이라고 간결하게 답한다. 아마도 그는 늘 해오던 대로 말했으리라. 그러나 지금의 불편함은 평소 관청에서 느꼈던 어색함 그 이상이다. 이제 정말 끝인가 하는 감정이 헤커를 무겁게 짓누른다. 연금 신청을 하라지 않는가! 드디어 신청서에 서명해야 할 때가 왔다. 이 서명은 마침표, 곧 직장 생활의 끝을 알리는 마침표다. 헤커는 '마친다'라는 단어를 좋아하지 않는다. 닫힌 것보다는 열린 게 항상 더 좋으니까.

아무튼 한여름 같은 초봄의 어느 날, 낯선 건물의 5층 연금 신청 창구를 찾아갔더니 좀 기다려달라는 말을 들은 헤커의 기분은 별로 좋지 않았다. 그는 주위를 둘러봤다. 커다란 대기실, 큰 검은색 화분에 담긴 관상용 식물, 회색 타일 바닥, 회색 커튼, 잿빛 의자들이 차례로 눈에 들어왔다. 모두가 노년의 색이라는 생각이 들어 그는 풋 하고 실소를 터뜨리며 그중 한 의자에 앉았다.

그때 그의 눈에 들어온 것은 자신과 마찬가지로 의자에 앉아 순서를 기다리는 사람들이었다. 그의 옆과 앞과 뒤에 앉은 약 40명 정도의 사람들은 대부분 남자였다. 그들의 얼굴은 피곤하고 지쳐 보였으며 표정이 우울했다. 고개를 꼿꼿이 세운 사람을 찾아보기 힘들었다. 그들은 노인이었다. 헤커는 곧

65세가 될 사람들을 본 것이다. 그리고 곧 깨달았다. '저게 내 모습이구나.'

이처럼 직접적이고 무자비하게 자신의 나이를 마주한 적은 처음이다. 이 대기실에 모여 앉은 동년배들은 아마 모두 같은 일을 처리하기 위해 이곳에 왔으리라. 헤커는 자신이 이들 가운데 한 명이라는 사실이 도저히 믿기지 않았다. 지금 내가 저들을 보는 것처럼 저들도 나를 보겠지. 피곤하고 지치고 우울한 모습을.

연대감이나 공동체 같은 느낌은 전혀 들지 않았으며 오히려 기분 나쁜 짜증 같은 것이 치밀어 올랐다. '나는 저들과 같지 않아.' 헤커는 속으로 웅얼거렸다. '나는 피곤하고 지치고 우울한 저들과 달라.' 베이지색의 재킷, 지난 세기에 유행했던 스웨터, 메피스토 상표의 할아버지 구두, 손에 들린 비닐봉지. 이제 헤커는 기다리는 사람들의 표정에서 게으름마저 읽고 있었다. '면도 좀 하지! 미소를 지으라고! 허리를 꼿꼿이 펴!' 물론 그의 마음속 외침을 듣는 사람은 아무도 없었다. 오히려 그 외침은 그의 머릿속에서만 울리며 그를 가만히 내버려두지 않았다. '너도 저들과 같아. 너도 다를 바 없어.'

돌연 다른 소리가 들렸다. 흘려들을 수 없이 큰 소리가 스피커를 통해 울려나왔다.

"토마스 헤커 씨, 423번 방으로 오세요."

헤커는 자리에서 일어나 서류들이 든 투명 파일을 겨드랑이 사이에 끼고는 잿빛 의자에 앉아 있는 무기력한 노인들을 못마땅한 눈빛으로 둘러봤다. 그러고는 423번 방으로 갔다. 문을 열자 마음이 한결 부드러워졌다. 40대로 보이는 금발의 여성이 헤커에게 인사를 건넸다. 책상 위에 놓인 명패는 그녀의 이름이 헨리에테 클라우젠Henriette Klausen이라고 말해준다. 담당 관리인 클라우젠은 그에게 이런 상황에서 베풀 수 있는 최대의 친절을 보여준다. 오랫동안 몸에 밴 친절이다.

그녀는 사무적이면서도 성실하게 연금 개시 일자, 계좌번호, 의료보험번호, 납세자식별번호 등을 차례로 물었다. 질문에 답할 때마다 헤커는 인간의 정체성이란 몇 개의 번호로 확인될 뿐이라는 생각을 했다. 그는 클라우젠이 묻는 말에 무심하게 "예", "아니요" 그리고 가장 빈번하게 "모르겠소"로 대답했다. 클라우젠은 모른다는 말에는 눈썹을 치켜떴다. 물론 모른다고 비난하는 것은 아니었다. 다만 컴퓨터 모니터에 뜬 서류 양식에 입력을 하느라 눈썹에 힘을 주었을 뿐이다. 그는 그녀가 무얼 입력하는지 볼 수가 없었다.

마침내 클라우젠은 그만하면 되었다는 표정을 지었다. 헤커는 준비한 서류를 차례로 책상 너머 실무 담당자의 손에 넘겼다. 그러면서 관청에 올 때마다 드는 불안감이 천천히 가라앉기 시작했다. 드디어 그는 아주 멀쩡한 정신으로 클라우젠이

내민 서류에 서명했다. 연금 신청이 완료됐다. '뭐, 별로 어려운 것도 아니네.'

헤커는 실무자에게 좀 더 꼬치꼬치 캐물을 걸 그랬나 하는 아쉬움이 들었다. 인생을 매듭짓는 이런 중요한 순간에 그저 묻는 말에만 대답한 자신이 한심하게 여겨졌다. 주도권을 그처럼 간단하게 내주다니, 뇌가 고장이라도 난 건가 하고 그는 생각했다.

그는 정말이지 다른 분위기를 기대했었다. 은퇴라는 사안에 맞게 좀 더 품위 있는 대화를 주고받거나, 관청이라고 주눅 들지 않고 당당하게 연금 신청을 했어야 했다고 후회했다. 지금한 서명이야말로 자신의 인생을 송두리째 바꾸는 일이지 않은가. 연금, 은퇴 생활, 연금 생활자 토마스 헤커. 아무튼 이런 상황에 맞는 진지한 대화가 필요했다. 물론 아직 6개월이라는 시간이 남아 있기는 하다.

하지만 연금이 얼마나 될지 캐묻는 건 연금 수령 연령이 되었다는 상황만큼이나 진부하다. 헤커는 캐묻지 못한 자신이 영 못마땅했으나 어떻게 보면 65세가 되어가는 사람들이 대개 어정쩡하듯 자신도 엉거주춤했을 뿐이라고 스스로 위로했다. 아무튼 의젓하고 당당한 모습은 아니었다. 인생은 그저 이런 식으로 흘러가는 걸까.

클라우젠은 헤커에게 연금 신청이 완료되었다고 말했다. 다만 구비 서류에서 빠진 딸의 출생신고서를 우편으로라도 접수해달라며, 남은 하루 좋은 시간이 되시기 바란다고 의례적인 인사말로 면담을 마무리했다.

헤커는 자리에서 일어나 423번 방을 나와서 대기실로 돌아왔다. 그리고 승강기를 타지 않고 계단으로 내려왔다. 이제는 무조건 운동해야만 한다는 느낌을 떨칠 수 없었기 때문이다. 건물 1층에서 경비원에게 인사를 하고 거리로 나섰다.

헤커는 절로 탄식이 나왔다. '저 위에서 도대체 무슨 일이 벌어진 거지? 어째서 나는 동년배들을 보며 짜증이 치솟았을까?' 그러다 문득 깨달았다. 그것은 두려움이었다. 헤커는 동년배들의 눈에서 두려움을 목격했다. 늙음의 현실과 맞닥뜨려야 하는 두려움. 헤커는 두려움을 떨쳐버리려는 듯 몸을 부르르 떨었다. 항상 당연하게 여겨온 자신의 모습으로 돌아갈 수 있기를 희망하면서.

물론 이제는 젊지 않다. 그러나 늙지도 않았다. 그저 삶의 한복판에 섰을 뿐이다. 다만 간절히 소망해왔던 변화는 이뤄지지 않았다. 아직은 아니다. 그는 연금 신청서에 서명을 했을 뿐이다.

내가 '시니어'라니

젊으니까 운동하던 시절에서
건강을 위해 운동해야 하는 나이가 되다

몸이 원해도 머리가 관심을 잃으면
운동은 오래가지 못한다.
헤커는 몇 달 뒤
실제로 그런 경험을 했다.

헤커는 자신이 원망스러웠다. 길을 걸으며 혼잣말로 투덜대고 욕설을 퍼부었다. 그날 내내 저녁 시간이 다 되도록 자신을 책망했다. 연금 신청을 하며 본 광경은 얼마나 서글픈가! 폭삭 늙은 동년배의 얼굴, 속절없이 늙어가는 그 몰골은 바로 자신의 모습이 아닌가. 그럼에도 아직 젊다고 자부해온 자신이 한심하기만 했다.

그러나 연금 신청을 하고 몇 시간이 지난 지금, 그는 피할 수 없이 머릿속을 맴도는 물음과 씨름하고 있었다. 젊다는 것, 정확히 말해서 아직은 그렇게 늙지 않았다고 여기는 게 정말 주제넘은 짓일까? 아직 늙지 않았다고 볼 이유가 있지 않을까? 별것 아닌, 아주 사소한 이유일지라도 말이다. 아무리 봐도 자신의 늙은 얼굴과 잿빛 의자에 앉아 있던 동년배들의 폭삭 늙은 얼굴 사이에는 분명 차이가 있다. 자신을 유리한 고지에 서게 해주는 차이가! 이런 생각들이 그의 머릿속을 좀체 떠나지 않았다.

물론 헤커도 노년이 되어가는 경험을 하긴 했다. 64세가 되어서 겪은 게 아니라 그전에도 늙어가는 조짐은 흘려 볼 수 없었다. 평생 건강을 누렸지만 몸의 노화는 어쩔 수 없었다. 계속해서 나타나는 피로감이 그 좋은 예다. 오래전부터 허리도 그를 괴롭혔다. 최근에는 샅굴탈장 수술을 받아야만 했다. 전형적인 노인병이라고 그는 자조했다. 피부조직이 노쇠해 그런 걸 어쩌랴. 자조야말로 노쇠함에 대항할 수 있는 좋은 수단이라고 그는 생각했다.

아내와 함께 돌로미티로 등산을 갔던 1년 전에는 더 심각한 일을 겪었다. 젊은 시절 헤커는 지칠 줄 모르는 등반가였다. 그렇다고 무슨 대단한 암벽등반을 즐긴 것은 아니다. 4등급 난이도를 넘어선 적은 없었다. '겁 많은 토끼였지.' 헤커는 과거를 회상하며 쓴웃음을 지었다.

그러나 스위스, 오스트리아, 프랑스에 걸쳐 장거리 산행을 즐기는 것이야말로 그의 전공이었다. 여름이면 친구들과 함께 산에 올라 자신을 따라와 보라고 약을 올려대곤 했다. 늘 최상의 컨디션이라며 으스댔던 탓에 친구들은 피곤해했다. 당시만 하더라도 그는 하루에 담배 두 갑을 피웠다. 아마도 여전히 젊다는 생각, 현실을 외면하고 아직 끄떡없다고 여기는 자만심은 그 시절의 자신감이 키워주었으리라. 이겨내지 못할 게 없을 것 같던 시절이었다.

물론 흡연은 이미 오래전에 포기했다. 체력도 자신감이 바닥난 지 오래다. 헤커는 가파른 암벽이나 빙벽을 피하고 그다지 위험하지 않은 등산로만 찾아다니는 늙은 등산가가 되었다. 등산은 산장에서 산장으로 옮겨 다니는 까다롭지 않은 수준으로 낮아졌다. 그러나 그는 매년 최소한 일주일만큼은 자신의 젊음을 확인하는 이 작은 산행을 감행하기로 했다. 비교적 평탄한 산책로를 걸으며 그는 이것이 등산이라고 열광했다. 돌로미티 사건이 터지기까지는 그랬다.

햇살이 화창한 10월의 어느 날이었다. 헤커는 등산하기에 날씨가 이보다 더 좋을 수는 없다고 생각했다. 그러나 이는 오판이었다. 불과 몇 분 뒤 그는 뭔가 이상하다는 걸 깨달았다. 다리가 평소처럼 움직여지지 않았고 발걸음은 무겁기만 했다. 아내 프란치스카가 계속 멈춰 서서 헤커가 올 때까지 기다렸다(헤커는 첫 결혼에 실패하고 자신보다 네 살 어린 프란치스카와 재혼해 20년째 결혼 생활을 하고 있었다). 프란치스카가 서서 기다리는 시간이 점점 더 길어졌다. 걸은 지 두 시간이 채 안 되었음에도 헤커는 다리 근육이 아팠고 경련까지 났다. 이런 경우는 한 번도 겪어보지 못했다. 헤커는 제발 피트니스 센터라도 다니라고 아내가 충고했을 때 거부감부터 가졌던 자신을 떠올리며 욕설을 퍼부었다.

"아이고 지치셨구려, 노인 양반!"

프란치스카가 외치자 헤커는 큰 소리로 웃었다. 그는 전날까지만 해도 자칭 젊은 남자였다.

헤커는 근육이 화끈거리는 다리를 질질 끌고 가까스로 산장에 도착해 밤을 보냈다. 이튿날 아침에 깨어난 그는 몸을 움직일 수가 없었다. 산장지기는 20분이면 리프트 타는 곳에 갈 수 있다며, 리프트를 타고 하산해서 버스를 이용하면 되니 걱정 말라고 했다. 헤커는 정중하게 감사하다고 말했다. 그러나 리프트 타는 곳까지는 두 시간이 걸렸다.

이후 며칠 동안 헤커는 호텔에서 투덜대며 지내야만 했다. 절뚝거리며 복도를 지나 계단을 오르내리면서 아픈 장딴지와 허벅지를 향기가 나는 오일과 송진 추출 엑기스로 치료하는 곳을 다녔다. 접수를 보던 여자가 효과 만점의 처방이라며 싹싹하게 말했다. 돌로미티 지역에서는 갑작스러운 근육 경련이 자주 일어나 이런 치료법이 개발되었다나.

"여기 오시는 시니어 분들은 밤낮으로 너무 무리하시는 거 아니세요. 호호."

순간 '시니어'라는 단어가 마치 유령처럼 공간을 삼켜버렸다.

헤커가 그토록 혐오해온 단어다. 아주 그럴싸하게 치켜세우는 것 같지만 그 정중함 뒤에는 은근한 경멸이 숨어 있다. 헤커는 자신을 시니어라고 부르는 소리를 처음 들었다. 갓 64세가 된 이 불편한 여름날에 시니어라는 단어는 그에게 강타를 안겼다. 접수대를 나서며 헤커는 속으로 투덜댔다. '아마도 저들은 오늘 저녁 시니어 특별 메뉴를 서빙하겠지. 토마스 헤커, 시니어. 헤커 어르신.'

며칠이 지나고 아픔이 사라진 뒤 돌로미티 사고는 한때의 일화로 남았다. 토마스 헤커 시니어는 자신이 다시 토마스 헤커 주니어로, 거의 주니어로 돌아왔다고 믿었다. 집으로 돌아온 그는 이제는 아내의 경고를 귀담아들을 때라고 생각하고 피트니스 센터, 광고대로라면 축 처진 근육을 곧장 단단한 근육으로 만들어준다는 곳을 찾아갔다. 심지어 이 피트니스 센터의 프로그램 이름은 '벗은 게 더 멋져 보여'였다.

터져 나오려는 실소를 참으며 헤커는 자신이 과연 제대로 찾아온 것인지 자문했다. 자신은 누군가에게 보여주기 위해 근육질 몸매를 키우려는 게 아니었다. 그렇더라도 어쨌거나 사회적 체면을 생각해서라도 굳이 옷을 벗고 근육을 보여줄 일은 없을 거라고 생각했기 때문이다. 그러나 헤커는 회원 가입 신청서에 서명했다. 곧 '코치'라는 글자가 가슴팍에 새겨진 셔츠를 입은 젊은 트레이너가 다가왔다. 그로부터 헤커는 무수히 많은 근육 단련 기계의 사용법을 전수받았다. 헤커는 센터를 매주 한 번, 많으면 두 번 갔다.

이 동네는 워낙 질서가 분명해서 헤커는 자신이 어떤 그룹에 속하는지 단 한 순간도 의심하지 않았다. 피트니스 센터에는 근력운동을 하면서 배와 다리와 엉덩이 근육을 키우는 전혀 다른 성격의 두 그룹이 있었다. 몸의 아름다움을 위해 운동을 하는 젊은 층, 건강하려고 운동을 하는 노년층. 헤커는 양쪽 모두 호감과 이해심을 가지고 바라봤다. 물론 자신은 건강하려고 운동하는 파에 속했다.

센터를 다니는 기간이 길어지면서 헤커는 세대 차이를 당연시하는 이 동네의 질서에 자연스럽게 동화됐다. '여기서 나는 늙었으니까, 주제를 알고 처신하라고!' 헤커는 자신과는 너무나 다른 완벽한 인간의 몸을 질투가 전혀 없다고 할 수 없는 시선으로 바라보게 되었다. 어쨌거나 이제 내면의 저항감은 사라졌다.

"이제야 어른이 되었네."

몇 년째 피트니스 센터를 다니고 있는 프란치스카가 말했다.

"좋아하기에는 너무 이른 것 같은데."

헤커가 대꾸했다. 그는 피트니스가 몸의 영역임을 알았기 때문에 그렇게 대답했다. 몸은 의심을 허용하지 않는다. 그러나 머리는 의심을 밥 먹듯 한다. 머리는 변덕스러워 몸의 간단명

료한 법칙을 따르려 하지 않는다. 몸이 원해도 머리가 관심을 잃으면 운동은 오래가지 못한다. 헤커는 몇 달 뒤 실제로 그런 경험을 했다. 그는 누군가로부터 초대를 받았다.

은퇴자 모임

○

과거의 영광에 사로잡힌 이들에게
오늘을 바로잡을 내일은 없다

그리고 이날 저녁이
솔직히 두려웠다는 이야기도 하지 않았다.
아니, 두려움이 뭐람.
그보다 더했지.

옛 동료가 메일을 보내왔다. 헤커보다 몇 살 더 많은 그는 이미 오래전부터 은퇴 생활을 하고 있었다. 두 사람은 오랜 세월 동안 월간지에서 함께 일한 막역한 사이였다. 같은 사무실에서 일하고 구내식당에서 함께 점심을 먹고 일상의 소소한 일과 걱정거리를 나누었으며, 회사 내 최신 험담을 공유하거나 잡지에 실릴 텍스트를 놓고 의견을 나누기도 했다. 그러나 동료가 은퇴한 후 점점 만나는 일이 드물어졌고 이따금 전화 통화만 하다가 서로 소식을 전혀 듣지 못한 게 벌써 1년이 넘었다. 헤커는 은퇴 생활이라는 게 정말 은둔과 관련 있나 보다 하고 소식이 없는 동료를 그저 그러려니 여겼다. 직업은 서로를 묶어주지만 은퇴는 떼어놓는다고 생각했다.

그런데 전혀 예상하지 못한 메일을 받고 헤커는 가슴이 설렜다. 동료는 3월 마지막 금요일 저녁에 작은 파티를 계획했다고 메일에 썼다. 요란한 파티가 아니며 대략 열두 명 정도로 역시 은퇴 생활을 하는 옛 동료들을 부를 것이라고, 헤커가 시간을 내줄 수 있다면 무척 기쁘겠다고 했다. 덧붙여 그는 시간은 소중한 자산이라며, 은퇴 생활의 장점인 넘쳐나는 시간을 헤커는 아직 누리지 못하고 있으므로 그 귀중한 시간을 할애해준다면 고맙겠다고 썼다. 그러나 아직 은퇴하지 않았다 할지라도 헤커 역시 잡지의 시니어 그룹 일원이기에 흔쾌히 초대한다며 너스레를 떨기도 했다. 또한 그는 어쨌거나 금요일 모임은 헤커가 반드시 참석해야만 하는 의무라고, 옛 시절과 다시 만날 것을 생각만 해도 기쁘다면서 추억에 흠씬 젖는 밤을 만들겠다고 했다. 먹고 마시는 몸의 즐거움은 다 준비되었으니 걱정 말라면서.

헤커는 '몸의 즐거움'이라는 표현을 읽고 잠깐 소름이 돋았다. 그는 편집자 생활을 해오는 내내 텍스트에 이런 표현이 나오면 일관되게 지워버렸고 동료도 당연히 그랬으리라고 믿어왔다. 몸이라니. 헤커는 비웃음이 절로 나왔다. 몸이라니! 함께 일하던 시절 두 사람은 그런 표현들을 금지 단어 리스트에 올려놓았는데 말이다. '대책 수행', '순전한 회복', 자전거를 지칭하는 비속어 '철사 당나귀', '사전 조작', '애새끼', '인간 놈' 따위가 그런 금지 단어의 좋은 예다. 그 리스트는 수백 개의 단어들로 늘어났었다. 그런데 지금 옛 동료가 이런 단어를 아무렇지도 않게 쓰다니!

그러나 자신도 은퇴하고 나면 투철했던 직업의식이 이렇게 변할지 모른다며 헤커는 너그럽게 넘어가기로 했다. 시비를 걸기에는 초대받은 기쁨이 훨씬 더 컸다. 그는 어제의 동료들, 옛 친구들을 다시 만난다는 생각에 설렜다. 물론 그 자신은 은퇴하지 않았지만 은퇴자의 저녁 파티는 생각만 해도 흥겨웠다.

파티는 저녁 여섯 시 반에 시작한다고 했다. 헤커는 시간을 이렇게 정한 게 놀랍지 않았다. 은퇴한 노인이 일찍 잠자리에 든다는 건 누구나 아는 이야기이지 않은가. 물론 왜 그렇게 일찍 자는지는 이해되지 않았다. 그가 보기에 이런 생활의 유일한 장점은 아침에 시간이 많다는 점이다. 시계 알람을 맞춰놓지 않아도 좋은, 익숙하지 않아 어딘지 모르게 기괴한 자유, 아무런 의무나 강제 없이, 아침 식사를 준비하고 먹느라 허둥대는 일도 없이 내키면 낮에도 잠을 자며 꿈을 꿀 수 있는 자유, 저녁에 시계를 보지 않아도 되는 자유는 무엇에든 흠씬 젖을 수 있도록 시간을 연장시키리라.

그러나 정말 그럴까? 오히려 연금 생활자는 내면의 시계, 곧 익숙한 습관의 권력에 복종한다는 말을 헤커는 자주 들었다. 내면의 시계가 똑딱이는 대로 움직여야(물론 이 똑딱임은 이미 오래전에 멈췄지만) 생활 리듬이 깨지지 않는다는 이야기도 하지 않던가.

어쨌거나 파티는 저녁 여섯 시 반이었다. 그러나 헤커는 이 시간을 지킬 수 없었다. 한 필자가 원고를 너무 늦게 보내왔고, 이탈리아에서는 정부가 위기를 맞았다는 소식이 날아들었고, 스페인에서는 청년 실업에 항의하는 시위대가 폭력적 양상을 보이기 시작했으며, 브뤼셀에 모인 유럽 각국의 재무장관들이 향후 유로화 구제 계획을 두고 회의를 벌인다는 따위의 속보가 계속 날아드는 통에 헤커는 눈코 뜰 새가 없었다. 물론 월간지 편집이 일간지처럼 시간에 쫓기는 것은 아니다. 헤커는 예전 직장에서 매일이 편집 마감이었던 탓에 받았던 스트레스를 생생히 기억한다. 그러나 지금도 급한 일을 처리하느라 시간에 허덕이는 건 여전하다.

결국 헤커는 신문 베테랑들의 파티에 여덟 시가 조금 못 되어 도착했다. 옛 동료들은 그의 지각을 얼마든지 이해한다고, 그런 사정이야 더 잘 안다며 그에게 신경 쓸 것 없다고 했다. 헤커와 동료들은 샴페인 잔을 높이 들었다. 건배! 일만 아는 인간아, 네가 와서 참 좋구나. 우리는 벌써 석 잔째야.

첫 잔을 손에 들고 헤커는 즐거운 눈길로 주위를 돌아봤다. 곧장 술꾼 그룹에 동참한 기분이 좋았다. 모두 오랫동안 알고 지낸 얼굴들이다. 이들의 허영심, 웃기지도 않는 농담, 영리함,

그 허술한 빈틈이 정겹기만 하다. 자신이 그들 가운데 한 명이라는 소속감이 헤커는 좋기만 했다.

한때 같은 사무실에서 생활했던 동료들을 다시 만나는 것은 분명 기쁜 일이다. 그저 짤막한 몇 마디, 은근슬쩍 비트는 비유만으로도 서로 무슨 말인지 이해하는 사이는 얼마나 편안한가. 오래된 친밀함. 잠시 시간이 멈춘 듯했다.

술이 더해지자 대화는 더욱 흥겨워졌다. 헤커는 자신이 곧 피로의 공격을 받으리라는 걸 알고 있었다. 그는 갈수록 조용해졌고 새 소식의 창고는 이내 바닥을 드러냈다. 어쩔 수 없이 대화는 갈수록 시간을 거슬러 올라갔다. 익히 아는 직장 시절의 일화, 예전의 사건들, 흔히 들었던 이야기가 되풀이되었다. 그거 알지? 왜 알잖아? 기억나지?

약간 지루해진 헤커는 과거를 피해 현재의 사건들, 이를테면 이탈리아 정부의 위기 같은 문제를 거론하기 시작했다. 이 문제는 헤커의 저널리즘 감각을 빛나게 하는 전문 분야이기도 했다. 외교 정치, 특히 지중해 국가들, 무엇보다도 이탈리아 문제에 헤커는 관심이 많았다. 그는 언제나 통합 유럽의 열렬한 지지자였다. 그리고 지금 이 자리에 모여 함께 술을 마시는 동료들 역시 이 주제에 커다란 관심이 있다고 믿었다.

동료들은 거의 모두 지난 세기인 1940년대에 태어났다. 이 세대는 어려서 전쟁을 겪었으며 전후의 어수선한 분위기 속에서 성장했다. 그래서 국경 없는 유럽에 열광했으며 세계대전의 학살을 초래한 민족주의의 어리석음을 혐오했다. 헤커는 이런 주제야말로 지금 이 자리에 모인 동료들을 하나로 묶어주는 공통의 관심사라고, 이런 공통점이 서로 공감을 나누는 연령 대를 빚어주었다고 믿었다.

그런데 자신의 말에 아무도 주의를 기울이지 않자 헤커는 당혹스러웠다. 그는 더욱 열을 올리며 이탈리아 정부와 유럽의 문제를 역설했다. 예전 같았으면 동료들은 헤커의 이야기에 귀 를 쫑긋하고 들어주었을 것이다. 유럽의 관료주의를 넘어서야 만 한다! 유럽은 평화의 서약을 지켜야만 한다! 이들이 항상 했던 말이다. 깊은 확신에서 우러난 구호였다. 헤커는 이들과 함께 일한 세월 동안 이런 공감대를 가질 수 있어 기뻤다. 뜻 을 같이하는 동료들 말이다.

그러나 누구도 이탈리아에 별다른 관심을 보이지 않았다. 정 부 위기? 그거야 이탈리아의 일상사잖아! 몇 달마다 새 정부 가 들어서는 통에 지난 60년 동안 50번 넘게 정부가 바뀌었어. 옛날에는 더 나빴다고.

옛날에는, 옛날에는…. 헤커는 부아가 치밀었다. 누군가 또 옛날 이야기를 시작했다. 왜 있잖아. 그 수습 여기자와 눈이 맞 아 로마까지 가서 열정을 불태운 1980년대의 편집장 말이야. 헤커는 이 이야기를 이미 스무 번도 넘게 들었다.

헤커는 속에서 거북함이 고개를 들며 갈수록 커지는 것을 느꼈다. 그는 스페인에서 벌어진 폭력 시위를 어떻게 생각하느냐며 다시금 화제를 돌리려 했다. 그의 목소리에는 약간의 짜증마저 묻어 있었다. 그런데 예전에 문화면을 담당했던 여자 동료가 자기는 얼마 전부터, 더 정확히는 몇 년 전부터 그런 극단적인 문제는 생각만 해도 신물이 난다고 대꾸했다. 그러면서 요즘 식욕이 떨어지고 갑자기 열이 치솟으며 울화통이 터지는 일이 잦아지는데 이를 어찌 다스려야 모르겠다고 푸념을 늘어놓았다.

"그거 알아? 일주일 내내 식욕이 없어. 아무것도 하기 싫고 술조차 싫어."

"건배."

누군가 끼어들었다.

"섹스는 아예 생각도 안 나."

그 여자 동료가 말했다.

헤커는 뭔가 위로가 되는 말을 해줄까 잠깐 고민한 끝에 침묵하기로 했다. 위로를 베푸는 것은 편집부에서 그가 자주 맡았던 역할이다. 그는 근심거리가 있는 동료들이 즐겨 찾는 사람이었다. 헤커가 남의 말을 경청할 줄 아는, 이해심 많은 조언자였기 때문이다. 그러나 이날 저녁 그는 더는 경청하거나 조언하기를 그만두고 술만 마셨다. 화이트와인을 한 잔 더 채우고는 오늘은 그만 마시기로 결심했다. 이제 곧 가야 할 때라고 여겼기 때문이다.

유럽 이야기가 나왔으니 말인데 하고 예전에 경제부장을 지냈던 동료가 입을 열었다. 그는 얼마 전에 70세 생일을 맞았다. 그는 몇 년 전부터 늘 유럽만 강조하는 이야기가 짜증 난다고 말했다. 자신은 최근 몇 년 동안 발리, 알래스카, 몰디브 등 유럽과 멀리 떨어진 곳들을 여행하며 참으로 좋은 풍경들을 찾아냈다고 자랑했다. 은퇴 생활이 주는 선물, 새롭게 얻은 자유를 마음껏 즐겼다나.

"그게 무슨 자유야. 난리 법석이지!"

누군가 외쳤다. 난리 법석이라. 이 단어도 금지 리스트에 들어간다고 헤커는 생각했다. 좀 과장된 표현이랄까. 터무니없이 부풀리는 과장은 그가 질색하는 것이다. 이를테면 '50세의 젊은이'라거나, 펜션을 '고급 호텔'이라거나, 메르세데스 S 클래스를 '황금 마차'라고 하는 따위가 그런 표현이다.

아무튼 집에 가고 싶다는 충동이 점점 커졌다. 그러나 무슨 핑계를 댈 것인가? 이제 막 아홉 시가 되었을 뿐이다. 어째서 이렇게 불편하지? 헤커는 속으로 물었다. 그래도 지금 이 자리는 친절하고 지혜로운 사람들의 모임이 아닌가. 헤커는 오랜 세월 동안 이들과 아주 가깝게 지냈다. 그런데 왜 자꾸 불편하다는 생각만 들까? 아무래도 금지 단어에 너무 예민했나?

와인 한 모금을 마시고 생각에 잠겼던 헤커는 곧 이유를 깨달았다. 지금 나누는 대화는 현재의 것이 아니다. 이들은 '예전에', '그때는', '옛날에는' 같은 말만 되풀이하고 있다. 이유를 깨달은 헤커는 충격을 받았다. 지금 이 자리에 모인 사람들은 현재의 인생을 살지 않는다. 현재의 것은 이야기할 게 없다.

그러나 헤커가 틀렸다. 돌연 누군가 지극히 현재적인 화제를 꺼냈다. 그는 최근 국립극장에서 공연된, 논란의 중심에 선 연극을 본 사람이 있는지 물었다. 헤커가 본 연극이다. 드디어 맞춤한 화제가 나타났다는 생각에 그는 기분이 한결 나아졌다. 헤커는 연극과 오페라를 자주 보러 간다. 베를린이 마음에 드는 이유 중 하나도 이런 문화생활을 만끽할 수 있다는 점이다. 헤커는 신이 나서 왜 이 작품이 국립극장과 맞지 않는지, 연극에 실망한 이유를 설명했다. 그러자 반론이 줄을 이었다. 오랜만에 맛보는, 지적 만족감을 주는 멋진 논쟁이다. 헤커는 자신이 잘못 생각했다는 점이 기쁘기만 했다. 그렇지, 이들이라고 왜 현재를 모르겠어. 이렇게 말이 통하는데 말이야.

그러나 기쁨은 오래가지 않았다. 대화 도중에 한 시간 전 큰 관심을 끌었던 주제가 다시 등장했기 때문이다. 지난 세월 줄담배를 피우기로 유명했던 동료가 자신의 내시경 검진 결과를 마치 두 눈으로 보는 것처럼 설명했다. 그러자 다른 동료들도 앞다퉈 내시경 경험을 털어놓기 시작했다. 대장, 기관지, 위장

등 마치 내시경이 들여다보지 못하는 장기는 없는 듯, 우리 몸의 장기는 저마다 들려줄 이야기라도 가진 듯 떠들어댔다.

헤커는 모든 걸 귀담아듣고 싶지 않았다. 병을 앓는 동료들에게 연민을 느끼지 못해 그런 게 아니다. 하지만 마치 경쟁이나 하듯 병 이야기를 하면서 자신의 경우가 더 끔찍했다고 자랑하는 것 같은 분위기가 싫었다. 아픈 것에 무슨 자부심이라도 느끼는 듯 열이 나도록 떠벌리는 분위기가 못마땅했다. 헤커는 그런 이야기를 별로 듣고 싶지 않았다. 병이 유일한 현재는 아니라 할지라도 왕년의 동료들이 겪고 있는, 가장 비중이 큰 현재라는 사실이 서글프기만 했다.

헤커는 손에 와인 잔을 들고 거실의 커다란 유리창을 통해 초봄의 기운이 완연한 뜰을 내다봤다. 이제 6개월 남았다. 6개월 뒤에는 자신도 은퇴한다. 6개월, 27주. 카운트다운이라도 하듯 하루하루 헤아리는 심정이 어떤 것인지 이야기는 많이 들었다. 헤커는 군 복무를 하지 않았지만 군대를 다녀온 친구들은 제대할 날만 손꼽아 헤아렸다고 이야기했다. 헤커가 인생에서 제대하는 날은 189일 남았다.

헤커는 창가에 서서 뜰을 내다보며 씁쓸한 기분이 되어 정말 이럴 수밖에 없는지 자문했다. 늙으면 현재를 상실할 수밖에 없는가? 과거에 사로잡혀 살 수밖에 없는가? 그는 동료들이 잘못되었다고 말하고 싶지 않았다. 그러나 그처럼 변해버린 게 놀랍기만 했다. 은퇴한 지 몇 년 지나지 않았음에도 저렇게 변해버린 것을 이해할 수가 없었다. 반년 뒤에는 자신도 저렇게 변할까? 변화를 피할 순 없을까? 있다면 방법은 무엇일까?

이런 물음들과 씨름하고 있는데 동료 한 명이 다가와 헤커의 옆에 섰다. 의회를 출입하는 기자였던 동료로, 평소 조용해서 헤커가 무척 좋아했다. 그렇다고 그 동료가 내성적인 성격이었던 건 아니다. 그는 필요할 때는 자기주장이 확실했다. 특히 부당한 일을 보면 참지 않았다. 최근에는 분노하는 일이 잦아졌는데, 그는 흔히 말하는 온화한 노년과는 정반대로 더욱 강직해졌고 조바심까지 보이곤 했다. 그는 인생이 별로 남지 않은 것 같아서 그렇다고 말했다.

헤커는 과묵한 동료와 함께 창가에 서서 뜰의 풍경을 감상했다. 그때 동료가 전혀 조용하지 않은 말투로 말했다.

"토마스, 아무것도 믿지 마."

"네? 제가 뭘 믿지 말아야 하죠?"

"저들이 하는 말."

헤커는 무슨 뜻인지 곧장 알아들었다. 지금 저들의 대화야말로 헤커가 이날 저녁을 불편하게 여기는 이유였으니까.

"그럼 저들이 지금 대화를 즐기는 게 아니란 말인가요?"

"저들과 개별적으로 이야기를 나눠보면 속마음은 다르다는 걸 자네도 알 거야."

동료가 말했다. 그는 지난 몇 달 동안 이따금 친구들을 만나 대화를 나누다 보니 저들의 속마음을 알게 됐다고 했다. 대다수는 자신이 시대에 뒤처졌다고 느끼며 은퇴 생활을 받아들이기 힘들어 한다고 했다. 다만 지금 이 자리에서는 누구도 그런 사실을 인정하지 않으려 할 것이라며, 은퇴 생활이라는 화제만 나오면 거짓말을 일삼는다고도 했다.

"저들을 너그럽게 받아줘, 토마스."

이 말을 듣는 순간 헤커는 집에 가고 싶다는 생각이 사라졌다. 동료들로부터 더 많은 걸 알아내고 싶어졌다. 좀 더 이야기를 나누다 보면 아마도 결정적인 것을 알아낼 수 있지 않을까. 동료들은 헤커의 기대를 저버리지 않았다.

"여러분, 알고 계십니까."

옛 편집장이 말했다. 은퇴로 계급 차이가 사라지고 모두가 평등한 개인이 되었음에도 그는 꼭 존댓말을 썼다.

"저는 항상 일찌감치 예약을 합니다."

헤커는 불길한 예감에 사로잡혔다. 진실에 가까워졌다고 생각할 때마다 느끼는 불안감이다.

"세이셸 군도."

편집장은 자랑스러운 표정으로 세이셸 군도는 일찍 예약만 하면 엄청난 가격 혜택을 볼 수 있는 여행지라고 말했다. 그가 아는 여행사는 믿기 어려울 정도로 할인을 해준다며 무조건

추천한다고 으스댔다. 곧장 반론이 터져 나왔다. 한 동료는 세이셸에 가서 형편없는 경험만 했다고 힘주어 말했다. 해변은 보잘것없고 호텔은 싸구려 냄새를 풍기는, 그야말로 잃어버린 낙원이었다고 투덜댔다. 그는 세이셸 대신 잔지바르를, 무조건 잔지바르를 추천한다고 했다. 그러자 다른 동료가 눈을 동그랗게 뜨며 소리쳤다.

"잔지바르?! 자네, 미쳤어? 그 나이에 잔지바르에 간다고?"

"아무 문제도 없다네. 모든 걸 인터넷으로 해결할 수 있거든. 게다가 직항 편도 있고."

그 동료가 맞받아치며 말했다. 그리고 다르에스살람에서 페리를 타는 것이 원주민들과 접촉할 수 있는 훨씬 더 흥미로운 경로라고 덧붙였다. 다음 여행은 이미 예약해두었고 4주 뒤에 출발한다고, 이번에는 두 달을 온전히 잔지바르에 머무를 거라고 그는 말했다. 은퇴했기에 누리는 자유다.

동료와 창가에 서서 헤커는 그들의 대화를 빠짐없이 귀담아 들었다. 그리고 깨달았다. 이들의 대화에 현재가 없다는 것은 반만 진실이라는 점을. 다른 절반의 진실은 더욱 끔찍하다. 이들에게는 미래도 없다. 희망과 기대, 설렘과 두려움이 뒤섞인 미래는 이들에게서 사라졌다. 이들의 미래는 여행 계획, 예약, 행선지 묘사로 굳어졌다. 그저 갔다가 되돌아올 뿐인 미래. 경로 우대 할인을 받는 미래. 이들에게 다른 미래는 없어 보였다.

곧이어 헤커는 더욱 분명한 교훈을 얻었다. 대화는 돌연 가족 이야기로 흘러갔다.

"내 아들이 마침내 내무부에서 한자리 꿰찰 모양이야."

누군가 말하자 다른 이들이 짐짓 놀라며 감탄했다. 그들의 감탄에는 인정하는 분위기가 묻어나기는 했지만, 한편으로는 무관심이 노골적으로 드러나 있었다.

"곧 결혼도 한다네."

처음의 목소리가 덧붙이자 이번에는 더욱 심드렁한 표정으로 반응했다.

헤커는 낙담했다. 자신의 미래는 더는 없구나. 미래는 오로지 다음 세대에게 떠넘겨졌을 뿐이구나. 앞서의 대화가 그를 공격적으로 만들어 분노케 했다면 지금 헤커는 서글픔에 사로잡혔다. 옛 동료들의 미래 없음은 피할 수 없이 받아들여야만 하는 강제적인 상황임을 깨달았기 때문이다. 그러고 보니 헤커 자신도 얼마 전부터 그런 조짐을 경험했다. 그가 인생의 원칙으로 알고 사랑해온 어떤 것이 불현듯 사라졌다. 내일은 새날이 될 거라는 원칙, 내일은 어제를 잊게 만들 하루가 되리라는 원칙, 내일은 어제의 실수를 바로잡을 날이 될 거라는 기대는 이제 거의 사라졌다.

헤커는 미래가 대체 무엇일까 생각했다. 어쨌거나 미래는 참으로 천재적인 발명이다. 모든 상처를 낫게 해주는 시간, 실수를 다시 매끈하게 다림질할 수 있는 시간, 아무것도 없지만 모든 것이 될 수 있는 시간, 더 용감하고 솔직하며 현명하게 될 수 있는 시간, 아무튼 모든 시간 가운데 최고의 시간은 내일이다.

내일이 더는 없구나. 헤커는 한숨지었다. 그러다 퍼뜩 제정신이 들었다. 이 무슨 병적인 생각인가. 과장도 참. 그럼에도 헤커는 자신의 생각이 전혀 틀린 것은 아님을 새겼다. 계산적으로도 분명하다. 지금 이 순간에도 시간은 흘러간다. 동시에 그는 특정 연령부터 더는 바뀌지 않는다고 하는 것이야말로 비겁하기 짝이 없는 게으른 변명이라고 생각했다. 당연히 그런 변명은 인정받을 수 없다. 그러나 변화는 시간을 필요로 한다. 그리고 이제 시간은 갈수록 줄어든다.

과묵한 동료는 여전히 헤커 옆에 서서 창밖을 바라보고 있었다. 두 남자는 아무 말도 하지 않은 채 다른 사람들이 하는 말을 듣고 있었다. 헤커가 마침내 입을 열었다.

"그런데 선배, 이제 연세가 어떻게 되시죠?"

"예순아홉이네."

과묵한 동료는 헤커가 은퇴 생활은 어때야 하는지 묻는 줄 알았는지 곧장 이렇게 말을 이었다.

"준비하게. 토마스, 무조건 준비해야 해. 계획을 세워. 아니면 나처럼 되고 말거야."

은퇴 직후의 생활은 그야말로 위기의 연속이었다고, 자신은 물론이고 세상과 아무것도 시작할 수 없었다고 그는 말했다. 그러나 적어도 겉으로는 행복해 보여야 한다는 의무감을 떨칠 수 없었다고도 했다.

그는 노년을 건강하게 지내야 한다는, '소일하며 죽어간다'는 것에 감사하는 마음가짐을 가져야 한다는 의무감이 괴로웠다고 털어놓았다. 그래서 자신은 위선을 떨었다고, 다 괜찮은 것처럼 꾸며 보였다고 했다. 대다수 동년배도 마찬가지일 거라고 말하며 그는 씁쓸한 미소를 지었다. 또한 지금의 은퇴 생활이 자신의 69년 인생 가운데 최악의 시절이라고도 했다.

"사춘기만 뺀다면."

그는 가느다란 미소를 지었다.

"그런데 은퇴 생활이 제2의 사춘기라는 생각이 갈수록 커져. 모든 것이 뒤죽박죽이라는 점에서 말이네."

절대 과장하는 일이 없는 동료는 이렇게만 말하고 입을 다물었다. 헤커는 이날 저녁 모임이, 이제 거의 끝나가는 모임이 그렇게 나쁘지만은 않았다고 생각했다. 자신이 무엇을 앞두고 있는지 많은 것을 경험할 수 있는 시간이었다.

"이봐, 일벌레! 벌써 피곤해?"

이날 모임의 주최자인 주인장이 헤커의 팔을 잡아끌며 그를 창가에서 대화의 자리로 인도했다. 헤커는 그대로 끌려가며 "늦었네요"라고 중얼거렸다. 그렇지만 작별을 위한 수다에 기꺼이 동참해서 친절하게 그들에게 여행 목적지, 병세, 딸, 아들, 손주들의 근황 따위를 물었다. 자신의 이야기는 아무것도 하지 않았다.

그리고 이날 저녁이 솔직히 두려웠다는 이야기도 하지 않았다. 아니, 두려움이 뭐람. 그보다 더했지. 헤커는 자전거에 올라타 초봄의 밤 속으로 달려갔다.

젊은 노인들

○

공원이 아닌 콘서트홀에서
부유하고 건강한 노인들을 만나다

넘어지고 일어서고 또 넘어지는 인생.
언제나 그런 것 아닌가.
어째 시시포스 같지 않은가,
우리네 인생은.

헤커가 집에 도착했을 때 아내는 아직 깨어 있었다. 그녀는 영화를 보고 있었다. 스페인 영화인 모양이다. 프란치스카는 스페인 영화를 즐겨 봤다. 이런 취미는 직업상 생겨난 것이기도 하다. 그녀는 번역 사무실을 운영하기 때문이다. 프랑스어, 이탈리아어도 취급하지만 주된 언어는 스페인어다. 그래서 집 안 구석구석 스페인 신문과 잡지가 쌓였다.

헤커는 아내에게 정리할 줄 모른다며 놀려대곤 했지만 아무 소용이 없었다. 또 자신도 한몫 거들고 있음을 인정할 수밖에 없었다. 그는 신문을 세 종이나 구독하기 때문이다. 물론 기회가 있을 때마다 읽은 신문들을 가지고 내려가 분리수거를 하곤 했다. 반대로 프란치스카는 신문과 잡지 쌓아두기를 고집했다. 아직 자신은 다 읽지 않았다나. 아내는 항상 최신 흐름에 밝아야 한다며 자신의 태도를 변명한다. 헤커가 그걸 두고 투덜대다가 몇 차례 언쟁을 벌이곤 했다. 그러나 다툼은 대개 두 사람이 웃는 걸로 끝났다. 종이를 놓고 싸울 수야 없는 노릇이지 않은가.

그럴 때마다 헤커는 아이패드를 장만할까 하는 생각을 했다. 신문을 모니터로 읽으면 쓰레기는 확실히 줄어들지 않을까. 그러나 그때마다 그는 고개를 저었다. 애초에 모니터로 뭘 읽는다는 것 자체가 싫었다. 신문은 버스럭거리며 읽어야 제맛이지. 그는 구시렁거렸다.

헤커가 거실로 들어서자 프란치스카는 DVD 플레이어의 일시 정지 버튼을 눌렀다.

"왜 이렇게 일찍 왔어?"

"피곤해."

헤커는 이렇게 중얼대며 물을 한 잔 마시고는 '멍청이들'처럼 들리는 단어를 웅얼거렸다. 그러고는 오늘은 좋은 날이 아니었다며 피곤해서 잠자리에 들겠다고 말했다.

"저녁 모임이 좋지 않았어?"

"휴, 특별할 건 없었고 약간 지루했어."

헤커는 저녁 모임 이야기를 주절주절하고 싶지 않았다. 언급할 가치가 없다.

그러나 프란치스카는 모임이 어땠는지 곧장 눈치챘다. 지난 몇 주 동안 헤커는 아내에게 은퇴 이후를 바라보는 자신의 암울한 생각을 털어놓곤 했다. 그리고 오늘 저녁 그는 자신의 미래가 어떤 모습일지 상당히 가까운 거리에서 관찰했을 것이다. 프란치스카는 20년의 결혼 생활만큼이나 남편을 잘 알았다. 그가 어떤 기분일지 충분히 짐작한 그녀는 더 묻지 않는 편이 좋겠다고 직감했다. 다음 날이면 어차피 남편은 미주알고주알 이야기하리라. 프란치스카는 다시 재생 버튼을 누르고 영화에 빠졌다.

헤커는 잠을 이룰 수가 없었다. 계속해서 옛 동료들의 현재 없음, 미래 없음이 뇌리를 맴돌았다. 그가 잠을 이루지 못하게 방해하는 것은 동료들에게 느끼는 연민이 아니다. 연민은 자기 자신에게 느끼는 것이다. 나도 그렇게 지낼 수밖에 없겠구나. 나의 미래도 과거로만 남으리. 오로지 기억으로만 남는 세상. 노년의 나는 지난날의 나일 뿐이다. 그는 가슴이 아렸다. 과거에 체험한 것, 이룩한 것, 생각한 것만으로 남는 인생. 모든 것이 과거형이다. 앞으로 무엇을 하든, 어떤 일을 체험하든 나는 과거의 모습으로만 남는다. 유일하게 자랑할 것은 추억뿐이다. 그건 정말이지 너무 적다고 그는 생각했다.

언제나 그랬지만 다음 날 프란치스카는 헤커가 전날의 저녁 모임 이야기를 해주었을 때 지혜롭게 경청했다. 그리고 그녀는 노인의 세상이 어제의 세상이라는 것이야 새로울 게 없는 사실이라고 말했다. 인간은 누구나 오랜 세월을 등에 지고 나름대로 경험을 모은다. 동시에 이 세월은 갈수록 줄어들며 가능한 미래는 쪼그라든다. 멋진 생각이 아닌 건 인정하지만 지극히 정상적인 이야기라고 그녀는 정리했다.

"그 밖에도 당신은 과장하고 있어."

"항상 그렇지 뭐."

헤커는 이렇게 답하며 웃었다. 그러나 프란치스카는 진지했다. 그녀는 눈을 동그랗게 뜨고선 노인이라고 해서 왜 미래가 없느냐고 반문했다. 좋은 뜻을 품고 계획을 세우라고, 물론 젊은 시절만큼은 아니겠지만 이런 사실에 익숙해져야 한다고 말했다. 그녀는 헤커가 65세 생일이 마치 인생의 끝인 것처럼 군다고 꼬집었다. 그리고 늙어감에 익숙해지는 것은 인생의 과제라고 그녀는 강조했다.

헤커는 기분이 좋아졌다. 인생의 과제. 인생-과제. 인생을 살면서 우리는 해야 할 과제를 가지며, 동시에 인생 그 자체가 하나의 과제다. 이런 이중의 의미가 헤커는 즐거웠다. 프란치스카는 이런 말솜씨의 대가다. 그는 아내에게 그녀가 광고업계로 갔어야 했다고 자주 말하곤 했다. 그만큼 그녀는 말을 다루는 솜씨가 뛰어나다. 그때마다 그녀는 이렇게 화답했다.

"번역할 때도 필요한 능력이야."

마침 그녀는 젊은 스페인 작가의 데뷔작을 작업하고 있었다. 소설을 번역하는 것은 예외적이다. 보통은 법률이나 경제 쪽 책을 번역하는데 그래야 수입이 좋기 때문이다. 그런데 이번에는 문학작품이다.

"이 소설은 온통 단어의 유희야. 맞춤한 먹잇감이지."

맞춤한 먹잇감? 기묘한 표현이라고 헤커는 생각했다.

프란치스카는 그가 과장했다는 점만 빼면 그의 말이 아주 틀린 것은 아니라고 덧붙였다. 그녀는 헤커보다 훨씬 더 오래 전부터 노화라는 문제와 씨름해왔다. 한 예로 그녀의 밤색 머릿결은 새치의 흔적을 알아볼 수 없다. 그녀는 바로 어제 미용실에 다녀왔다.

"여자는 늙는 게 남자보다 훨씬 더 속상해. 40대에 올라서기만 해도 자신을 보고 휘파람 부는 남자는 없어. 50대가 되면 모든 게 끝이지."

프란치스카가 말했다.

헤커는 여자를 보고 휘파람 분 적이 있는지 돌이켜봤다. 자신은 한 번도 그런 적이 없다고 결론지었다. 그리고 여자를 보고 휘파람 부는 남자를 그는 단 한 명도 알지 못한다. 아마도 말만 그렇게 할 뿐 누구도 그런 짓을 하지 않으리라고 생각했다. 어쨌거나 프란치스카에게는 기꺼이 휘파람을 불어주리라. 오늘도 틀림없이.

늙어감에서 최악이자 진정한 위협은 더는 돌이킬 수 없다는, 이제는 끝장이라는 생각이라고 프란치스카는 말했다.

"그럼 염색도, 주름살 방지 크림도, 화장도, 성형수술도 아무런 도움이 안 돼."

바로 그래서 노년의 화가들은 회춘의 샘물을 그렇게 그려댄 것일까 하고 헤커는 말했다. 이를테면 연못의 한쪽에서 등이 굽은 반백의 할머니가 물속으로 뛰어들어 반대편에서 눈부신 젊은 처녀로 올라오는 그림은 흔히 보는 것이지 않은가.

"늙어감에 절망한 나머지 새롭게 탄생한다니 얼마나 멋진 발상이야."

헤커가 말했다. 이제 그는 다시 젊어질 수만 있다면 인간은 무슨 일이든 하리라는 걸 충분히 이해할 것 같았다. 심지어 악마에게 영혼을 파는 일도 서슴지 않으리라.

헤커는 이날 저녁 아내와 오래 이야기를 나누며 레드와인을 두 병째 땄다. 그는 집 안에 와인이 동나게 두는 일이 없었다. 몇십 년 동안 와인을 공부하면서 지하 저장고에 다양한 와인을 구비해두었다. 최근 그는 나이를 먹을수록 미각이 떨어진다는 글을 읽었다. 무슨 말도 안 되는 헛소리일까. 참 추한 상상이라고 그는 생각했다. 아무튼 이날 저녁 그런 글이 그의 좋은 기분을 흐리지는 못했다.

헤커는 잔 가득 와인을 따르며 아내가 와인 맛이 좋다고 칭찬하리라 확신했다. 이것은 2009년산 키안티, 100퍼센트 산지오베제로 다른 포도 품종을 전혀 섞지 않은 고급 와인이다.[*]

"오!"

한 모금 맛을 본 프란치스카의 눈이 휘둥그레졌다.

부부의 즐거운 저녁 시간은 깜짝 선물로 귀결되었다. 프란치스카가 갑자기 식탁 위에 두 장의 입장권을 내놓았다. 그녀는 오늘 샀다며 공연은 4주 뒤라고 말했다.

"팬은 늙지 않잖아. 여보, 어때? 기뻐?"

물론 헤커는 기뻤다. 밥 딜런의 콘서트를 마지막으로 본 게 언제였던가? 밥 딜런은 매년 베를린 공연을 오는데도 어쩌다 이렇게 무심해졌는지 헤커는 자신이 의아하기만 했다. 청소년 시절 그의 히트곡 「더 타임즈 데이 아 어 체인징The times they are a-changin'」을 듣고 얼마나 열광했던가. 그러다 헤커는 클래식을 더 좋아하게 되면서 젊은 시절의 우상과 차츰 멀어졌다. 주로 베를린 오페라 하우스들을 순례하거나 필하모니 홀을 찾느라 자연스레 팝 음악과는 멀어졌다.

그럼에도 딜런이라. 헤커는 젊은 시절의 감격이 고스란히 떠올랐다. 딜런, 폭풍 같던 시절의 시인, 모든 시대의 예언자. 딜런의 가사 구절을 헤커는 자신의 좌우명, 인생의 모든 상황을

---

[*] 키안티(Chianti)는 이탈리아 토스카나 지방에서 생산되는 와인 브랜드다. 산지오베제(Sangiovese)는 이 지방에서 재배되는 포도 품종의 이름이다.

이겨낼 다짐으로 새겼더랬다. 'Strike another match, go start anew/and it's all over now, Baby Blue(또 다른 싸움을 벌이자, 새롭게 시작하자/그럼 모든 게 끝날 거야, 베이비 블루).'* 프란치스카는 이 구절을 흥얼거리는 헤커를 볼 때마다 웃음을 터뜨렸다. 그런 열정적인 가사는 철 지난 실존주의를 떠올리게 한다면서. 그러나 헤커는 이 구절이야말로 모든 세월을 헤쳐나가자는 자신의 인생 감각과 딱 맞아떨어진다고 정색을 했었다. 넘어지고 일어서고 또 넘어지는 인생. 언제나 그런 것 아닌가. 어째 시시포스 같지 않은가, 우리네 인생은.

드디어 콘서트 날이 왔다. 헤커는 옷장에서 낡은 가죽점퍼를 꺼내 입었다. 물론 검은색이다. 이 점퍼만 입으면 그는 자신이 젊어진 것처럼 느낀다. 최근 이 점퍼를 거의 입지 않았던 것도 그런 느낌 때문이다. 늙은이가 젊은이처럼 차려 입었네 같은 조롱의 대상이 될까 봐 두려웠다. 그러나 지금 밥 딜런 콘서트에 이것 말고 뭘 입고 갈까?

헤커는 청중 사이에 섞여 음악을 들으며 오랜만에 신선한 생기를 맛봤다. 무대에서 기타를 치며 목에 하모니카를 걸고 노래를 부르는 자신의 우상을 보기 위해, 키가 크지 않은 그는 거듭

---

* 밥 딜런(Bob Dylan)은 1941년생의 미국 아티스트로 대중음악에 시적 표현을 접목한 공로를 인정받아 2016년 노벨 문학상을 받았다. 「더 타임즈 데이 아 어 체인징」(1964)과 「잇츠 올 오버 나우, 베이비 블루(It's all over now, Baby Blue)」(1965)는 그의 대표적인 히트곡이다.

까치발을 해야 했다. 심지어 잠깐 쏟아진 소나기까지 맞았지만 그래도 기분이 좋기만 했다. 노래의 리듬에 몸을 맡기고 흔드는 주위 사람들과 동작을 맞추는 것도 부담스럽지 않았다. 옆의 프란치스카도 가볍게 몸을 흔들고 있었다.

밥 딜런은 옛 노래도 몇 곡 불렀다.「더 타임즈 데이 아 어 체인징」, 앙코르로 부른 진짜 옛 곡「블로잉 인 더 윈드Blowing in the wind」는 듣기만 해도 황홀한 추억의 명곡이다. 사람들 모두 따라 불렀다. 헤커는 따라 부르는 것은 좀 아니지 않나 싶었지만 그 때문에 지금의 좋은 기분이 흐려지지는 않았다.

그런데 조명이 훑고 지나가는 관객의 얼굴들을 보며 헤커는 눈을 동그랗게 떴다. 이것 봐라, 이 얼굴들은 최근 어디선가 봤는데…. 정말 그랬다. 이 얼굴들은 헤커가 연금 신청을 하며 5층의 창구 앞 대기실에서 봤던 바로 그들과 비슷했다. 60대는 물론이고 70대도 심심찮게 눈에 띈다. 게다가 지금 무대 위에서 노래를 부르는 가수는 72세다. 무슨 노인 대회라도 열렸나. 로큰롤 양로원인가. 그러나 이날 저녁 헤커는 노인들이 한자리에 모였다는 게 조금도 신경 쓰이지 않았다. 그리고 이렇게 많은 노인들이 모인 것처럼 보이는 게 가죽점퍼 때문이 아닐까 속으로 생각했다.

물론 관객이 모두 가죽점퍼를 입은 것은 아니다. 여기저기 베이지색의 블루종, 후드 티셔츠, 할아버지 구두도 심심찮게 눈에 띈다. 그러나 얼굴들은 피곤하거나 지쳐 보이지 않았다. 헤커의 눈에 보인 건 늙었음에도 되살아난 젊음이다. 그는 자신의 얼굴도 저들과 다르지 않으리라고 확신했다. 우리는 이런 순간 예전의 젊음을 되살려내는구나. 예전에 이미 체험했던 것, 오랫동안 잊고 지냈던 것의 불씨가 되살아난달까. 헤커는 이런 경험이 대단히 즐겁고 심지어 그동안 심란했던 마음이 진정되는 효과가 있음을 부정할 수 없었다. 우리는 대체 어떻게 늙는 걸까? 그리고 이런 늙음은 무엇을 뜻할까? 늙음의 정체성은 무엇일까?

물론 콘서트에 젊은이들이 아주 없는 것은 아니었다. 그러나 무대 앞에서 흥을 돋우는 관중은 거의 모두 노년층이었고 이런 분위기에 젊은이들은 혼란스러운 표정만 지었다. 늙었으되 늙지 않은 노인, 지난 세월 사회적으로 많은 논란을 불러왔으며 앞으로 더욱 논란의 대상으로 부각될 새로운 노년층이 이곳 분위기를 장악하고 있었다.

흔히 인생을 세 단계로 나누던 관점, 곧 청년기, 생업 활동 시기, 노년기라는 삼분법은 오래전에 네 단계로 세분화됐다. 생업 활동 시기와 통계적으로 80세부터 시작되는 고령층 사이에 새로운 인생 단계가 끼어든 것이다. 이 시기는 65세에서 80세까지 족히 15년에 걸치는, 결코 짧지 않은 세월이다. 은퇴가 곧 인생 황혼의 출발이던 시기는 지났다. 오히려 은퇴는 제한이 없는 가능성이라는 왕국으로 들어서는 입장권이 되었다. 생업의 압박으로부터 벗어났지만 그렇다고 인생의 끝장은 아닌 이 시기는 개인에게든 사회에게든 인생을 새롭게 볼 것을 요구한다. 게다가 이 새로운 노년층은 예전과 다르게 건강 상태도 좋고 전에는 볼 수 없었던 풍요로운 여가 시간이라는 축복을 누린다.

조부모 세대와 비교해 오늘날 노인의 수명은 3분의 1 이상이 늘어났다. 예전에는 은퇴해서 삶을 마감하기까지 평균적으로 10년을 살았다면 오늘날에는 17년을 산다. 독일에서는 매년 기대수명이 3개월씩 늘어난다. 21세기 중반에 이르면 여성의 평균수명은 약 85세, 남성은 80세에 이를 전망이다. 독일 국민 세 명 가운데 한 명꼴로 65세를 넘긴다. 이런 전망조차 신중하게 접근한 축에 속하며 로스토크 인구조사연구소는 기대수명이 훨씬 더 크게 늘어날 것으로 추정한다. "이런 경향이 지속된다면 공식적인 예측 이상으로 기대수명은 큰 폭으로 늘어날 것이다." 2050년에 이르면 기대수명은 90세에 이를 것으로 로스토크는 전망한다.

조사에 따르면 현재 인구 가운데 가장 큰 폭으로 늘어나는 계층은 80~90세다. 오늘날 독일 국민의 약 4퍼센트가 80세 이상인데 이 비율은 20년 뒤에는 11퍼센트에 이를 전망이다. 100세에 도달하는 인구만 해도 30년 전보다 다섯 배가 늘었다. 독일 연방통계청은 "기대수명의 상한선은 보이지 않는다"는 냉철하면서도 과감한 진단을 내놓았다. 작가 헤르만 케스텐*은 이미 40년 전에 이런 예언을 한 바 있다. "엄청난 속도로 발전하는 의학 때문에 얼마 안 가 사람들은 자신이 언제 죽을지조차 모를 것이다."

의학 연구가 어떤 가능성을 현실로 바꿔놓을지 정확히 아는 사람은 아무도 없다. 암이나 심혈관계 질병과의 싸움을 획기적으로 바꿔놓을 새로운 발견이 이뤄진다면 기대수명의 진단은 또다시 확 바뀔 수 있다. 장기와 관절을 대체하는 의학 연구의 성공도 기대수명을 늘려놓으리라. 게다가 일반인의 건강 의식도 과거와 비교가 안 될 정도로 수준이 높아졌다. 흡연을 멀리하고 운동하는 사람들이 폭발적으로 늘어나면서 건강한 식생활과 사전 예방을 위한 진단 그리고 위생 수준의 향상은 표준으로 자리 잡았다. 거의 70년 동안 전쟁을 겪지 않은 덕에 독일의 생활수준이 현격히 향상된 게 이런 변화의 배경이다. 이로써 더 건강한 생활 습관은 당연한 것이 되었다.

이 모든 추세 덕에 노년은 과거와는 확연히 다른 면모를 자랑한다. 거의 천년에 가까운 세월 동안 거의 같은 비율을 유지

---

* 헤르만 케스텐(Hermann Kesten, 1900~1996)은 오스트리아 출신의 작가로 신즉물주의(New Objectivity)를 대표하는 인물이다. 유대인 혈통을 타고난 그는 미국으로 망명해 나치스 정권에게 탄압받는 예술가들을 구하고 지원하는 역할을 했다.

했던 청년층과 노년층의 구도가 완전히 바뀌고 서구 사회의 출산율이 줄어든 것만이 원인은 아니다. 인구 변화의 이런 추세가 일상생활의 근본 틀을 뒤흔들어 사회의 일대 변혁을 이끌어낸 것도 노년층을 달라지게 만들었다. 프랑스의 인류학자 클로드 레비스트로스*는 이런 사회변혁에 비하면 공산주의의 와해는 아무것도 아니라고 말한 바 있다.

과거 사람들이 익숙하게 여겼던 것을 뒤집는 변화는 도처에서 시작되었다. 65세가 지금처럼 건강하고 활동적이었던 때는 역사상 없었다. 일정 수준으로 꾸준히 유지되는 수입 덕분에 이 계층의 구매력은 매우 안정적이다. 광고업계는 일찍이 이 계층의 구매력을 발견하고 활용했다. 자유 시간, 여행, 소비에서 65세 이상은 그야말로 '황금 연령대'였다. 시니어를 위한 상품과 서비스를 가리키는 '실버 이코노미'라는 신조어가 생겨나고, 독일 서부의 도시 이절론에 있는 노인학협회는 노인 특화 기기에 인증마크를 부여한다.

아무튼 인류 역사상 존재하지 않았던 새로운 연령층이 출현했다. 인간의 기대수명이 40세도 채 안 되었던 건 그리 오래전의 이야기가 아니다. 그리고 이는 몇 세기 혹은 누천년에 걸쳐 거의 변함이 없었다. 물론 40세가 채 안 되는 기대수명은 신생

---

* 클로드 레비스트로스(Claude Lévi-Strauss, 1908~2009)는 프랑스의 인류학자로 사회와 문화를 구조로 이해해야 한다는 구조주의를 주장했다.

아와 유아의 사망률이 전체 통계에 영향을 미친 결과이긴 하다. 생후 10세까지 살아남은 사람은 60세, 70세, 심지어 80세까지 살 기회를 누렸다. 어쨌거나 남자는 비교적 장수했으며 여자는 출산의 위험 탓에 그보단 적지만 그래도 고령을 누렸다. 성경에는 진짜 고령의 사례가 수두룩하다. 어떤 남자는 무려 187세에 아들을 임신시키는 괴력을 발휘했다. 이 남자의 아버지 노릇은 꽤 행복했으며 그는 아들을 얻고도 782년을 더 살아 총 969년을 살았다. 모든 시대를 통틀어 가장 긴 인생을 산 이 남자의 이름은 므두셀라Methuselah다.

므두셀라의 나이에 거의 육박했던 인물은 그의 손자 노아다. 노아는 방주를 만든 인물로 어쨌거나 950년을 살았다. 틀림없이 이 가문은 유전자가 특별했던 모양이다. 물론 성경에 기록된 연령은 오랫동안 의혹을 받아왔다. 주지하듯 성경에 기록된 것을 글자 그대로 받아들일 필요는 없다. 므두셀라가 969세까지 살았다는 기록은 아무래도 연도와 개월을 혼동한 게 아닐까 하는 추정도 있다. 성경에 기록된 969세를 12로 나누면 므두셀라는 16세에 아버지가 되었고 80세에 사망한 게 된다. 그래도 당시 이 나이는 흔치 않은 고령이었다.

콘서트가 끝나고 프란치스카와 집으로 돌아오는 길에서 헤커는 므두셀라를 떠올렸다. 므두셀라 헤커?! 헤커는 실소를 머금었다. 정말 그렇게 오래, 기가 막힐 정도의 고령으로 살고 싶을까? 백발이 성성한 고령으로? 병 수발을 받아가며? 상상도 할 수 없는 일이며 그러고 싶지도 않다. 지금 나이만으로도 걱정거리는 차고 넘쳐난다.

헤커는 이날 저녁이 행복했던 만큼 노년의 젊음이 혼란스럽게 여겨졌다. 자신 안에 그런 젊음이 여전히 숨 쉰다는 점이 어딘가 맞지 않는 그림처럼 느껴졌다. 어딘지 모르게 일그러져 보이고 명확한 윤곽이 없는, 경계가 흐리게 그려진 그림이랄까. '로큰롤을 하기에는 너무 늙었고 죽기에는 아직 어리네Too old to rock 'n' roll, too young to die.'* 20대를 마감하고 서른이 되던 당시 친구들과 주고받던 말이 떠올랐다. 그때 우리는 젊음과 작별해야만 한다고 생각했지. 그런데 지금은? 직업을 갖기에는 너무 늙었음에도 로큰롤을 즐길 젊음은 남았다? 헤커는 옛 동료들을 만났던 모임, 자신이 일찍 나온 그날의 모임에서 오간 대화를 떠올렸다. 그날의 대화와 오늘 저녁의 콘서트는 하나의 나무에서 뻗어 나온 다른 가지일 뿐이다. 노래를 부른 밥 딜런도 과거의 현재화, 추억의 복제품과 다르지 않다.

이 무슨 기묘한 삶의 과정일까. 팝 콘서트를 가면서 은퇴를 기다려야 하는 이 동시성이 그는 어렵게만 느껴졌다. 옷장에서 가죽점퍼를 꺼내 입고 거울 앞에 서서 부풀어 오른 눈물주머

---

* 이 인용문은 1976년 영국의 록 밴드 제스로 툴(Jethro Tull)이 낸 아홉 번째 앨범 제목이다.

니를 한탄하는 처지, 아침에 해외여행을 예약하고 저녁에 피곤해서 눈도 뜰 수 없는 이 기묘한 대비는 어찌 이해해야 좋을까? 갑자기 모든 것이 변하는데 그 가운데 당연해 보이는 것은 없다. 이 무슨 혼란일까. 은퇴 생활을 사춘기와 비교했던 동료의 말이 적절해 보인다. 모든 것이 뒤죽박죽인 무질서의 시간.

옛날에는 정확히 정의되었던 노년의 역할은 이제 사라졌다. 공원의 벤치에 앉아 비둘기에게 모이를 주며 해가 지는 모습을 고즈넉이 바라보는 노인, 벽난로 앞에서 파이프에 담배를 쟁이며 우수에 젖는 노인, 지팡이를 짚고 보도 위를 엉거주춤 걸어가는 노인, 치아가 빠진 입으로 손주와 함께 헤벌리고 웃는 노인. 모두 철 지난 그림, 상투적인 그림이다. 그러나 이 그림을 무엇으로 대체할까?

헤커는 이 모든 물음이 정확히 자신의 것이라는 사실이 새삼스럽게 다가왔다. 늙어감을 알면서도 동시에 한사코 무시하려는 자신, 늙어감을 두고 이처럼 속을 끓이는 자신이 그는 못마땅했다. 눈앞에 와 있는데 멀게만 느끼고, 거부할 수 없는 사실임에도 그럴 리 없다며 한사코 부인하려는 자신이 안쓰러웠다. 이제 누구나 인정해주는 노년의 역할은 없다. 노년의 정체성을 만들어줄 공인된 역할이란 없다.

이 시기는 일종의 과도기가 아닐지 헤커는 생각했다. 가을과 같은 계절이랄까. 이제 더는 여름이 아니기에 우리는 외투를 꺼내 입는다. 그러나 너무 더워 땀을 흘리는 바람에 곧 외투를 벗는다. 벗기 무섭게 으슬으슬 몸이 떨리기 시작한다. 가을이기 때문이다. 도무지 뭐가 적절한 옷차림인지 헷갈려 하는 사람, 그것이 바로 자신의 모습이라고 헤커는 쓸쓸한 미소를 지었다. 지금 나는 가을의 한복판에 서 있구나.

다시금 그의 내면에서 모든 것을 비웃어주고 싶은 욕구가 치솟았다. 그래서 어쩌라는 말인가. 가을 다음에는 겨울이 온다. 본격적으로 추위에 떨어야 하는 겨울이. 헤커는 자신을 타일렀다. 결국 인생은 돌이킬 수 없이 명확해지리라. 그러나 옆에서 종종걸음으로 걸으며 여전히 콘서트 분위기에 취해 있는 프란치스카에게는 이런 상념을 이야기하지 않는 편이 좋겠다고 헤커는 다짐했다.

은퇴 계획이라는 거짓말

○

무엇을 할 것인가?
환상과 조롱이 가득한 은퇴 설계의 세계

아무래도 너무 늦게 은퇴에 대비하는 것은 아닐까.
헤커는 생각했다.
은퇴 생활이라는 프로젝트는
오랜 시간을 들여 꼼꼼하게 준비해야 한다.

"얼마나 더 남은 거지? 아니, 얼마나 더 오래 이 일을 해야만 하는 거야?"

최근 만나는 사람마다 헤커에게 이런 물음을 던지곤 했다. 분명 호의를 갖고 한 말이리라. 얼마 남지 않은 직장 생활의 아쉬움을 달래주려는, 약간 질투마저 담겨 있는 물음이라고 헤커는 생각했다. 인생에서 40년이라는 마라톤을 달린 끝에 이제 목표가 얼마 남지 않았다고, 그동안 기울여온 노력의 끝과 보상을 누릴 순간이 손에 잡힐 듯 다가왔다고 그들은 입을 모아 말했다.

은퇴까지 며칠이 남았더라? 헤커는 날짜를 손꼽아 헤아려봤다. 잘못 계산한 게 아니라면 아직 98일 남았다. 그는 다시금 제대 날짜를 손꼽는 병사를 떠올렸다. 98일이면 족히 석 달을 채우고도 남는다.

최근 헤커는 신문에서 시장조사기관의 설문조사 결과를 다룬 기사를 읽었다. 독일 국민의 53퍼센트는 60세 생일을 맞이하기 전에 직업 활동을 그만두기를 간절히 바란다고 한다. 두 명 가운데 한 명보다 약간 더 많은 비율로 이런 답이 나왔다. 그리고 정확히 87퍼센트는 65세까지 기다리지 않고 당장 은퇴했으면 좋겠다고 대답했다. 아무튼 일은 별 인기가 없는 모양이다.

헤커는 사람들의 그런 반응이 당연하다고 생각했다. 40년 동안 건설 현장에서 땀을 흘렸거나, 엄청나게 뜨거운 고로 또는 컨베이어벨트에서 고역을 치렀거나, 매일 슈퍼마켓의 계산대에서 늘 똑같은 단조로운 동작만 했던 사람은 빨리 은퇴하고 싶은 마음이 얼마나 간절할까. 학교에서 끊임없는 소음을 견디다 못해 아직 은퇴할 때가 되지 않았음에도 조기퇴직하는 교사도 마찬가지다. 자신도 그런 상황이라면 65세까지 못 기다릴 거라고 헤커는 생각했다.

그의 경우는 달랐다. 그의 직업은 몸으로나 정신적으로나 극한에 시달리는 일이 아니었다. 또한 그에게 저널리스트라는 직업은 단지 돈을 버는 일 이상의 것이었다. 물론 헤커도 마감을 지키기 위해 사무실에서 숱한 시간을 보냈다. 허영이 심한 동료들 탓에 힘들었고, 끝날 줄 모르는 편집회의가 고통스러웠으며, 오만하고 불손한 필자 때문에 울화통이 터지곤 했다. 불과 몇 년 전만 해도 헤커는 매일 치러야 하는 이 전쟁 같은 일에서 도망갈 수만 있다면 얼마나 행복할까 상상했었다. 시설. 심지어 그는 그의 일터를 '시설'이라고 부르기도 했다. 시설에 더는 가지 않아도 된다면 얼마나 좋을까. 돌이켜보니 정말 오래 일했구나. 감회가 새로웠다. 헤커는 25세에 남부 독일의 어느 일간지에서 수습기자로 일을 시작했다. 40년이면 할 만큼 했지. 그는 자신을 다독였다. 그러나 은퇴 날짜가 가까워질수록 다짐은 약해지기만 했다.

마음을 고쳐먹게 된 계기는 간단하다. 예전에 헤커는 은퇴란 일을 하지 않는 상태라고 이해했다. 그때만 해도 은퇴는 먼 훗날의 이야기였고 그는 더 자세히 알고 싶은 생각도 없었다. 늘 일에 몰두하느라 다른 문제는 신경 쓰지 않아 집중력이 뛰어나다는 평을 듣는 그였다. 그러나 얼마 전부터 그는 뭔지 모를 불안에 사로잡혔다. 처음에는 간헐적이다가 갈수록 불안감이 잦아졌다. 그리고 자신의 옆에 없는 것보다는 있는 것에 더욱 큰 관심을 가지기 시작했다. 이제 일을 손에서 놓고 나면 뭘 한다? 헤커는 은퇴하고 풍족하게 생긴 자유 시간에 자신이 뭘 하는지 상상하려고 시도해봤다. 그러나 아무것도 떠오르지 않았다. 매번 머릿속에는 비현실적인 그림만 그려졌다. 지평선까지 툭 터진 광야가 눈앞에 펼쳐지는데 그 위에는 아무것도 보이지 않는다. 그냥 텅 비었다. 완벽한 공허함이다. 그 무한한 광야의 한복판에 덩그러니 놓인 의자에 그가 앉아 있다. 이곳에서 그는 자신을 잃어버렸다. 토마스 헤커, 너는 누구인가? 아무것도 할 게 없는 은퇴자다.

헤커는 자신의 문제가 일할 시간이 끝나간다는 것, 석 달 뒤에 은퇴를 한다는 것은 아니라고 생각했다. 문제는 은퇴 이후 대체 뭘 하며 지낼까 하는 것이다. 그는 저널리스트로서 하는 일을 한 번도 과대평가한 적이 없었다. 동료들이 이따금 그러듯 으스대본 적도 결코 없다. 그는 진지한 정치 기사를 쓸 때도 "나는 그저 서비스업 종사자일 뿐이야"라고 약간 자조적인 투로 말하곤 했다. 그래서 일자리를 잃는다는 상실감은 그가 느끼는 위협이 아니었다. 그가 진짜 두려운 것은 할 일이 없어지는 공허함이다.

물론 헤커는 자신이 뭘 해야 할지 알기는 한다. 그는 공허함을 채우려 이것저것 안간힘을 쓰리라. 기자로서 해왔던 일을 대신할 것을 찾으려 끊임없이 두리번거리리라. 대체 뭘 하면 좋을까? 도통 아이디어가 떠오르지 않았다.

그는 머지않은 미래로 다가온 은퇴 생활의 풍족한 자유 시간을 어떻게 꾸려야 좋을지 기회가 있을 때마다 생각해봤다. 그러나 딱히 만족스러운 아이디어는 떠오르지 않았다. 분명한 사실은 은퇴 생활을 하면서도 자주는 아니겠지만 이따금 신문에 기고를 할 거라는 점이다. 아무것도 내려놓지 못하고 후임자에게 이 분야만큼은 자신이 더 잘 안다고 압박이나 일삼는, 그래봤자 잘난 척일 뿐인 은퇴 기자보다 더 나쁘기야 하겠는가. 이런 생각으로 헤커는 자신을 위로했다. 그는 간섭이나 일삼는 선임자가 되고 싶지는 않았다. 그저 이따금 짤막한 기사 한 편 쓸 수 있다면 만족이다.

그 밖에 헤커는 방송국에 잘 알고 지내는 동료가 한 명 있다. 그 동료의 부탁으로 계속해서 정치 평론을 써왔다. 동료는 은퇴한 헤커에게 틀림없이 일감을 마련해주리라. 다시 말해 은퇴를 해도 그가 할 일이 전혀 없는 게 아니다. 그동안 그는 특정 매체에 소속되지 않고 자유롭게 글을 쓰는 것이 매력적으로 느껴졌다. 의무로 쓰는 게 아니라 그저 즐겁게 마음 가는 대로 쓰는 글은 얼마나 매혹적인가. 물론 그런 기회가 드물기는 하겠지만 그래도 자율적으로 쓰는 글은 생각만 해도 즐겁다.

게다가 헤커는 자신의 요리 솜씨를 더욱 섬세하게 다듬을 생각에 벌써부터 가슴이 설렜다. 그는 요리하는 게 언제나 즐거웠다. 친구들을 초대해 여러 코스의 메뉴를 대접하기도 했던 그다. 이제 그는 새로운 요리를 배우고 기존의 요리를 더욱 섬세하게 다듬을 수 있다. 아마 요리 강좌도 열 수 있을 것이다. 물론 고급 과정이다. 프란치스카는 몇 년 더 일하고 싶어

하는데, 어쨌거나 일을 끝내고 집으로 돌아오면 헤커가 앞치마를 두르고 저녁 식사를 준비하는 걸 보며 좋아하리라. 가정주부, 주부主婦가 아닌 주부主夫 헤커. 매일 그럴 수는 없을지라도 얼마나 좋은 그림인가. 그는 생각만 해도 기분이 좋았다.

그러나 인생이 그런 몇몇 소소한 활동으로 충족될 수 있을지 헤커는 갈수록 커지는 의혹을 지우기 힘들었다. 2주에 기사 한 편, 매일 잠깐 장을 보고 요리를 하는 것으로 인생 전체의 의미가 채워질까.

아무래도 너무 늦게 은퇴에 대비하는 것은 아닐까. 헤커는 생각했다. 은퇴 생활이라는 프로젝트는 오랜 시간을 들여 꼼꼼하게 준비해야 한다. 구체적인 계획을 세워야 한다. 목표를 분명히 정하고 희망 사항을 기록해두자. 건강관리 프로그램을 만들자. '함정에 빠지지 않으려는 사람은 은퇴를 앞두고 최소한 5년은 준비해야 한다.' 이 문장은 헤커가 며칠 전 신문에서 읽은 것이다. 글을 쓴 사람은 자칭 인력개발 전문가라는 여성이다. 신문은 유감스럽게도 인력개발이 뭘 하는 것인지 전혀 설명하지 않았다. 헤커는 뭔지 몰라 아리송하기만 했다. 이 인력개발 여성 전문가는 그 기사로 격렬한 반론을 받았다. 은퇴를 위해 5년이라는 준비 기간은 너무 짧다는 반론이었다. 최소한 10년은 준비를 해야 한다나. 헤커는 절로 한숨이 나왔다. 그동안 그는 도처에서 요란하게 열리던 세미나 한번 참석하지 않았다. '은퇴 준비 세미나', '은퇴 이후에는?', '인생 50 플러스', '은퇴는 도전이다' 따위의 구호를 건 세미나들이 도대체 무엇을 한다는 것인지 그는 의심스럽기만 했다.

헤커는 은퇴를 준비하지 않았다. 아무것도 신경 쓰지 않고 세월을 흘려보냈다. 아니, 일하기도 바쁜 인생의 한복판에서 일하지 않는 인생을 준비한다고? 어차피 그는 거창한 계획을 세운다든지 그런 계획에 따르는 축에 속하지 않았다. 그가 이해하는 인생은 우연과 예측할 수 없는 돌발 상황의 연속이었다. 그리고 이런 관점으로 살아온 그동안의 인생은 전체적으로 썩 나쁘지 않았다. 물론 첫 번째 아내와의 이혼, 전처에게 간 두 아이, 아들과 딸과 떨어져 사는 것은 쉽지 않은 문제였으며 그에게 깊은 상처를 남겼다. 다행히 두 아이는 잘 커서 자신의 인생을 살고 있다. 아무튼 대체 어떤 계획이 그런 일을 피할 수 있게 해줄까?

헤커는 아들 막스와 그보다 두 살 어린 딸 파울라와 밀접한 관계를 유지하기 위해 노력했다. 여름방학이면 아이들과 이탈리아나 프랑스로 캠핑 여행을 갔고 겨울에는 스키를 탔다. 그러나 얼마 전부터 막스와의 연락이 뜸해졌다. 아들은 공학, 특히 재생에너지 분야를 전공했다. 헤커는 이 공학이라는 분야가 낯설기만 했다. 지금 막스는 터키에 태양열 발전설비를 짓는 회사에서 일한다. 아들을 못 본 지도 벌써 9개월째다. 가끔 전화 통화만 할 뿐이다.

딸 파울라는 다르다. 파울라는 프랑크푸르트 암 마인에 살며 그곳의 광고회사에서 근무하기는 하지만 2~3일에 한 번씩 전화를 하고, 베를린에 친구들이 있어 자주 온다. 그리고 딸은 프란치스카와 친근하게 지내며 그녀를 두 번째 어머니로 받아들였다. 둘이 워낙 잘 통하기 때문에 헤커는 가끔 그 둘이 자신을 따돌리는 게 아닐까 질투할 정도다. 그럼에도 딸과 프란치스카가 가깝게 지내는 것은 기쁜 일이다. 아무튼 모든 것이 그리 나쁘지 않은 인생이었다고 헤커는 생각했다. 인생 최고의 행복은 20년 전 프란치스카를 만난 것이다. 모든 것이 우연히 일어났으며 계획되지 않았다. 인생은 길들일 수 있는 동물이 아니다.

저 망할 은퇴라는 것 역시 다른 모든 일과 마찬가지로 계산하고 계획할 수 없는 게 아닐까. 막상 닥치면 어떻게든 다스릴 수 있으리라고 헤커는 자신했다. 또한 의외의 선물, 지금은 보지 못하지만 뜻하지 않은 소득이 숨어 있을 수도 있다. 그 활용 방법을 찾아내야만 하는 자유라든가 노년의 지혜, 한가로운 산책으로 얻어지는 마음의 평화, 아무 목적도 의무도 없이 즐기는 여유가 그런 선물일 수 있지 않을까? 대체 앞일을 누가 알겠는가.

그럼에도 헤커는 미심쩍었다. 평화니 한가로움이니 하는 것은 자신과 맞지 않다고 생각했다. 그는 조용히 명상을 즐기는 남자가 아니다. 늘 활동적이었으며 혼자 조용히 있을 때는 책을 읽거나 헤드셋을 쓰고 음악에 빠지곤 했다. 이것이 세상과 거리를 두는 그의 유일한 방식이다. 헤커는 언제나 떠들썩한 세상이 좋았다. 생동감이 넘치는 활달한 곳에 있을 때가 가장 행복했다. 사람들은 그를 두고 쉴 줄 모르는 남자라고 했다. 아무튼 자신의 그런 성향은 은퇴 생활을 위한 이상적인 조건은 아니다.

틀렸어. 완전히 틀렸다고. 헤커는 생각을 고쳐먹었다. 쉬지 않고 늘 활기차게 움직이기에 자신은 사람들이 은퇴 후 빠지는 권태와 우울증에 사로잡히지 않으리라고 확신했다. 은퇴한 사람들은 세 명 가운데 한 명꼴로 병에 걸린다. 그런 일은 없어야 한다고 헤커는 다짐했다. 평생 지루했던 순간은 단 한 차례도 없었다. 그런데 왜 지금 변해야 한다는 말인가. 헤커는 자신의 활력을 믿었다. 은퇴해도 활력을 잃지 않게 해줄 일을 찾아내리라. 그래, 틀림없이, 반드시 찾아낼 수 있다.

노인이 찾는 활동 분야는 무수히 많다는 것을 헤커는 알고 있었다. 연구에 따라 정도의 차이가 있기는 하지만 독일은 1,700만~2,400만 명 정도의 노인들이 자원봉사로 일한다. 이들의 봉사는 시민사회를 공동체로 만들어주는 중요한 역할을 한다. 보수를 받지 않는 이들의 자발적인 봉사가 없다면 공동체는 생각할 수도 없으며 국가는 곧장 파산하고 말 것이다. 이들은 주로 교회나 지역 조직 혹은 민간단체에서 일하며 분야는 환경문제, 돌봄, 교육, 동물보호, 스포츠, 지역의 정원 가꾸기, 시설 보수 등 다양하다.

헤커는 은퇴를 하기 전에 전화 고민 상담 교육을 받고 지금 일주일에 두 차례 저녁에 상담 봉사를 하는 여성을 한 명 알고 있다. 또 다른 여성은 질병 말기 환자를 돌보는 봉사를 한다. 매주 몇 차례 병원을 찾아가 임종을 앞둔 환자와 이야기를 나누거나 가만히 병상을 지켜줌으로써 환자의 외로움을 덜어주는 봉사 활동이다. 그녀는 이 일이 자신의 인생에 완전히 새로운 의미를 부여했다고 말했다. 헤커는 그 말에 깊은 인상을 받았다. 무엇보다도 자신은 그런 일을 엄두도 내지 못할 것 같았다. 그런 일을 하기에 자신은 인내심과 내면의 평화가 부족할 뿐만 아니라 심지어 두렵기도 하다고 그는 생각했다. 그러나 누가 아는가. 그런 일을 감당할 인내심이 늘어가며 생겨날 수도 있지 않을까. 그래도 아직 멀었다고 헤커는 생각을 정리했다.

다른 활동들도 그의 마음을 사로잡지는 못했다. 물론 그런 봉사를 하는 사람이 존경스러웠지만 단체, 복지 조직, 위원회, 재단 등에 그는 별로 매력을 느끼지 못했다. 그가 지금껏 살아오며 가입했던 유일한 단체는 열 살 때 회원 신청을 했던 독일

알프스 산악연맹뿐이다.

그나마 관심이 가는 쪽은 정당 활동이다. 물론 그렇다고 정치 무대 전면에 나서고 싶은 것은 아니다. 그는 남의 마음을 사로잡을 줄 아는 뛰어난 연설가는 아니었다. 그러나 오랜 세월 동안 정치 기자로서 쌓아온 그의 지식을 필요로 하는 정당은 있지 않을까. 물론 최근 들어 정당들에 관심을 약간 잃기는 했다. 그동안 그는 완벽히 일체감을 느낄 정당을 단 하나도 찾을 수 없었다. 예전에는 달랐다. 1970년대 초에 헤커는 전 서독 총리 빌리 브란트Willy Brandt의 동방 정책에 열광했으며, 1980년대에는 녹색당의 출현을 호감을 가지고 지켜봤다. 그러나 지금 그는 정치적으로 실향민이 된 듯했다. 정당들이 별 차별성을 보이지 않는 탓도 있지만 아마도 그 자신이 정치에 피곤함을 느끼는 모양이다. 그의 열정을 불러일으킬 변혁과 변화의 약속을 그 어디서도 찾아볼 수 없었다. 아니, 은퇴까지 하고 무슨 정치람. 헤커는 이쪽 관심도 접기로 했다.

은퇴 생활의 미래에 적합해 보이는 다른 활동을 찾기도 쉽지 않았다. 인터넷을 보면 놀라울 정도로 다양한 구인광고가 나오기는 한다. 은퇴자를 대상으로 하는 인력 시장은 바야흐로 번창 일로다. 현재 독일의 은퇴자는 2,060만 명에 이르는데 그중 대략 80만 명이 보수를 받는 아르바이트를 한다. 사실 얄팍한 연금 탓에 아르바이트는 해야만 한다. 헤커가 특히 흥미롭게 본 것은 인터넷 포털 '렌트 아 렌터너rentarentner.de'*다. 이 포털은 50대 이상이 주 대상인, 모든 분야의 구직·구인 정보를 주고받는 곳으로 특히 전문 지식과 경험이 중시되는 시장이다. '은퇴 생활에 너무 좋아'라는 구호를 큼지막하게 걸고 시니어에 맞춤한 정보를 제공하면서 각 직업을 분야별로 깔끔하게 분류해놓았다. 자세히 보면 재산 관리, 외국어 또는 음악 교습, 세무 상담, 지붕 수리 등 수요가 만만치 않음을 한눈에 알아볼 수 있다. 심지어 저널리즘 분야도 있다. 헤커는 꽤 흥미 있게 들여다보며 생각했다. 아마도 생일이나 결혼식 또는 장례식에서 연설할 원고를 써줄 사람을 찾는 것이 이 포털이 말하는 저널리즘인 모양이다. 주로 장례식이겠지. 헤커는 피식 웃음이 나왔다.

그가 특히 재미있게 본 것은 인터넷에서 은퇴 생활자를 위해 제공하는 여가 서비스다. 시니어 여행, 시니어 댄스 강좌, 시니어 등산 모임, 시니어를 위한 그림 그리기, 장난감 만들기, 카드와 주사위 놀이를 위한 저녁 모임, 실버 서퍼를 위한 컴퓨터 강좌, 시니어 전공 과정(독일의 대학들에서 만학에 땀을 흘리는 시니어는 대략 3만 명 정도 된다), 만능 엔터테이너 노르베르트와 함께하는 시니어 음악 교실 등 없는 것이 없을 정도로 분야가

---

* 정확한 표기는 'rent a rentner'로 '은퇴자를 빌려드립니다'라는 뜻이다.

다양했다. 헤커는 터지는 웃음을 참지 못하고 배를 부여잡고 웃어댔다.

노인을 어린애 취급하는구먼. 이런 놀이가 잘못된 건 아니겠지. 그런 걸 찾는 노인이 많은 모양이군. 헤커는 한숨지으며 자신은 그렇게 되지 말아야지 하고 다짐했다.

이런 서비스들이 무슨 목적을 가질까? 물론 시간을 보내기에는 더없이 좋다. 그러나 헤커는 그처럼 시간을 허비하기 싫었다. 소중한 시간을 쫓아 보낸다는 게 말이 되는 이야기인가. 모기나 유령을 쫓아버릴 순 있어도 시간은 허비해서는 안 된다! 세상에서 가장 귀중한 것, 언젠가는 끝난다는 게 확실하다는 점에서 더없이 소중한 것이 시간이지 않은가. 사람들은 흔히 시간을 죽인다는 표현을 쓴다. 시간이 무슨 적인 모양이지. 헤커는 생각했다. 물론 지나치게 넘쳐나는 시간은 삶을 지루하게 만드는 적이기는 하다. 그러나 시간이 넘쳐난다는 것은 바꿔 말해 할 일을 찾지 못했다는 것이다. 시간을 죽이는 사람은 자기 자신을 죽이는 것과 다르지 않다고 그는 생각했다. 그러자 돌연 웃음이 터져 나왔다. 만능 엔터테이너 노르베르트와 그의 시니어 음악이 떠오른 탓이다.

어차피 은퇴자의 생활은 놀려먹기 좋은 소재일 뿐이다. 헤커는 다시금 아마존에서 '은퇴'라는 검색어를 찾아봤다. 놀랍게도 1,058개의 책 제목이 우르르 쏟아져 나왔다. 그뿐만 아니라 헤아릴 수도 없이 많은 통속문학이 줄을 이었다. 이를테면 '(심심한) 은퇴자를 위한 유머집', '올디가 골디다Oldies sind Goldies(늙은이가 부자 멋쟁이다)', '할아버지는 롤링스톤', '나의 마지막 검은 머리카락' 그리고 도무지 정체를 알 수 없는 '늙은 자루들의 클럽 증명서' 따위가 있다. 아무래도 이런 책들은 직장에서 은퇴식을 할 때 직원들이 당사자에게 선물하는 것 같다. 겉으로는 유쾌한 것처럼 꾸민 포장 안에 숨길 수 없이 배어나오는 곤궁함이 애잔하게 느껴졌다.

은퇴를 주제로 다룬 책들은 다 비슷비슷하다. 주류를 이루는 것은 실용서다. 헤커처럼 노년을 어찌 다뤄야 할지 모르는 사람은 그중 몇 권을 구입해 읽고는 어이를 잃을 수밖에 없다. 예를 들면 '꿈의 은퇴 생활'을 알려주겠다면서 지금 당신의 앞에 '환상적인 인생'이 놓였다는 말에 독자는 할 말을 잃는다. 환상적인 것이라면 환장할 수밖에 없는 헤커는 대체 이런 행복을 어떻게 하면 이룰 수 있는지 알고 싶었다. "자신의 고유한 잠재력을 창의적으로 새롭게 발견해야만 한다"는 문장에서 받은 충격이 채 가시기도 전에 "현재의 상태에 머물러서는 안 된다", "배움을 결코 포기하지 말아야 한다"는 연타에 그는 정신을 차릴 수가 없었다. 그러기 위해서는 무엇보다도 건강해야만 하며 올바른 식생활과 운동에 힘쓰며 "열정적으로 새로운 일상을 꾸미자"는 말잔치에 헤커는 쓴웃음만 지었다. "본격적인 인생은 은퇴한 뒤부터 시작이다."

헤커는 어이를 잃은 게 아니라 화가 났다. 그가 냉소적인 조롱에 익숙하고 불평을 일삼기는 해도 좀처럼 화는 내지 않았는데 이때는 책을 집어던지고 싶을 만큼 분노했다. 이처럼 싸구려 말이나 늘어놓으며 '은퇴'라는 단어 앞에 '이제는 누려 마땅한' 따위의 수식어를 아무렇지도 않게 갖다 붙이는 말잔치가 파렴치하게 느껴졌기 때문이다. 은퇴와 관련해 좋은 정보를 알려주겠다고 약속하고 책만 팔면 그만이라는, 비열하기 짝이 없는 상술이 괘씸했다. 은퇴와 관련한 문제들을 조금도 진지하게 다루지 않는 태도야말로 최악이다. 이런 허튼 말장난을 책이라고 써놓다니.

아마도 노년층을 이처럼 무시하는 태도는 앞으로 맞이할 은퇴 생활의 쓰라림을 미리 맛보라는 배려인 모양이다. 이렇게 우리 65세들이 진지하게 받아들여지지 못하는데 더 나이가 많은 고령층은 오죽할까. 헤커는 양로원과 요양원의 열악한 상황을 다룬 우울한 기사를 읽은 기억이 났다. 이런 사정은 이미 오래전에 알려졌음에도 변화는 전혀 없다. 어떤 정당이 집권하든 정부는 '노인 복지와 요양의 일대 개혁'을 선포한다. 그러나 이런 개혁 시도는 모두 로비의 벽에 부딪쳐 실패하고 만다. 로비가 그만큼 강력하다는 방증이다. 정확히 이것이 문제라고 헤커는 한숨을 쉬었다. 우리 노인은 로비를 하지 못한다. 지금 노인이 그처럼 많고 머지않아 사회의 가장 큰 집단으로 자리 잡을 텐데도 홀대를 받는 이유가 달리 있는 게 아니다. 아무 힘이 없는 마당에 정책의 우선순위에서 노인 문제는 밀려날 뿐이다. 늙으면 섹시하지 않아서? 헤커는 화를 삭일 수가 없었다.

차츰 냉정을 되찾으면서 그는 생각을 차분히 정리해봤다. 그런 책들은 찾는 사람이 있으니까 그처럼 많은 게 아닐까? 이 물음의 답은 서글플 정도로 간단했다. 노년이라는 암담한 상황에 처한 사람들이 위로를 찾고자 하는 욕구가 정확히 그런 책들의 수요를 만들어낸다. 손발이 오글거리는 사탕발림으로 삶의 고단함을 잊게 해주려는 싸구려 위로가 그 원인이다. 근심과 걱정과 불안을 진정시키려는 욕구는 그처럼 큰 모양이다. 그 자체는 그리 나쁘지 않다. 그러나 이런 위로가 힘을 잃어버리는 것은 시간문제다. 전혀 도움이 되지 않는다는 것을 깨닫는 순간, 당사자의 상황은 정말 나빠진다. 이것이 헤커가 인생을 살며 배운 교훈이다. 그는 은퇴자 파티에서 동료들이 했던 말을 떠올렸다. "은퇴라는 주제만큼 거짓말이 횡행하는 것도 없어." 한 동료가 했던 말이다. 아마도 은퇴를 바라보는 두려움은 헤커만 가지고 있는 게 아닐 것이다.

책을 읽고 인터넷 검색을 하며 생각한 끝에 그는 참으로 조촐한 결론을 얻었다. 곧 맞이할 새로운 시간, 은퇴 생활의 시간을 어찌했으면 좋을지 여전히 아이디어가 떠오르지 않았다.

그는 결과를 다음과 같이 정리했다.

매일 장을 보고 요리를 하자.

지금껏 해오던 대로 일주일에 두 번 운동을 하자.

2주에 한 편의 기사를 쓰자.

이건 너무 부족하다. 이건 아무것도 아니다. 힘들게 산 인생, 이제는 누려 마땅하다는 은퇴가 이런 식이라면 정체 상태와도 같다. 그러나 헤커는 마음에 드는 일을 찾을 수가 없었다. 동시에 그는 중압감을 떨칠 수가 없었다. 그러나 달리 어쩔 방법이 없다.

텅 빈 의자

회사에서 투명 인간이 되어버린
예비 은퇴자의 시간들

은퇴는 이제 더는 피할 수 없는 당연한 사실이다.
말 그대로 다른 것은 기대할 수도,
예상할 수도 없는 현실이다.
그런데 자신은 여전히 은퇴를
청천벽력처럼 받아들이고 있었다.

최근 헤커는 욕실의 거울 앞에 멍하니 서 있는 경우가 잦아졌다. 그는 자신의 얼굴을 살피며 세월의 흔적을 찾았다. 어느 날에는 나이를 먹으면 귀가 커진다는 말을 들었다. 귓불이 축 늘어진다나. 그러나 거울에서 그의 귀는 지극히 정상으로 보였고, 헤커는 자신은 심각하지 않다며 기뻐했다. 다만 귓구멍에 털이 숭숭 자라서 특수 제모기를 장만했다.

그 외에는 자신의 외모에서 불만스러운 점을 찾아내지 못했다. 물론 주름살이 생기기는 했지만 이는 열심히 산 인생의 표시로 받아들였다. 거울에 비친 그의 얼굴은 우윳빛 매끈한 얼굴이 아닌 성격이 분명하게 드러나는 얼굴이었다. 목살이 축늘어져 겹치기는 했지만 그런 것쯤이야 아무렇지도 않다고, 이제 칠면조가 다 되었다며 헤커는 킥킥댔다. 그리고 팔, 특히 팔꿈치 부분에 피부가 튼 자국이 생겼다. 노인에게서 흔히 보이는 증상이다. 양피지 같은 피부.

그럼에도 머리카락에 새치는 보이지 않는다. 늘 그랬듯 머리카락은 갈색이며 고작해야 관자놀이와 구레나룻에 약간 희끗한 부분이 보일 뿐이다. 머리숱도 여전해 듬성듬성한 부위는 전혀 없다. 거울에 비친 자신의 얼굴을 보며 누가 65세라고 할까 싶어 헤커는 기분이 좋았다. 아마도 54세라고 해도 믿어줄걸. 그는 슬그머니 미소를 지었다. 물론 자신과 같은 연령대에서 남자들이 어떤 심리를 갖는지 그는 정확히 알았다. 이 나이의 남자들은 자신이 실제보다 10년쯤 젊어 보인다고 착각한다. 이는 실험 결과로도 확인된 이야기다. 하지만 난 아직 젊어. 그는 노인이 된 자신의 모습을 상상할 수 없었다.

헤커는 어쨌거나 자신은 시몬 드 보부아르Simone de Beauvoir가 40년 전에 펴낸 책 『노년La Vieillesse』에서 그렸던 노인의 모습과는 거리가 멀다며 안심했다. 오래전에 그는 이 책을 읽고 늙음을 너무 과장해서 묘사했다며 웃어 넘겼었다. 그러나 이번에 다시 책을 펼쳐 들었을 때는 웃을 수가 없었다. 보부아르의 묘사에 따르면 늙으면 치아를 잃어버리는 통에 하관이 짧아져 코와 턱이 거의 붙은 것처럼 된다. 피부의 노화로 눈꺼풀은 두꺼워지고 눈 아래 눈물주머니는 축 늘어진다. 헤커는 당장 거울로 달려갔다. 휴, 안심이군. 눈물주머니는 늘어지지 않았다. 그러나 보부아르는 고삐를 늦추지 않는다. "골격도 변한다. 척추의 연골이 눌리면서 등이 굽는다. 45~85세 사이에 남자의 상체는 10센티미터, 여자는 15센티미터 짧아진다." 헤커는 자신의 몸에서도 이런 변화가 일어나는 것을 아프게 확인했다. 이제 자연은 그에게 그리 인상적이지 못한 체구만 허락해줄 뿐이다. 그리고 아직 키가 10센티미터 줄어든 것은 아니지만 앞으로 충분히 그렇게 될 수 있을 것으로 보였다.

종합적으로 볼 때 헤커는 자신이 아직 '추악한 노년이라는 심연'에 이르지는 않았다고 결론지었다. 이 표현은 고대 로마의 풍자시인 유베날리스Juvenalis가 서기 1세기경에 쓴 것이다. 헤커는 그의 글에서 노년을 묘사한 부분을 찾다가 이런 대목을 발견했다. "노인은 모두 똑같다. 사지를 떨 듯 목소리도 떨린다. 민숭민숭한 대머리에서 머리카락은 더는 자라지 않는다. 코는 어린아이의 그것처럼 훌쩍거린다. 불쌍한 노인은 치아가 없는 턱으로 빵을 우물거린다. 노인은 아내와 자식들은 물론이고 자기 자신에게도 너무 큰 부담이 되는 나머지 오로지 퇴물로만 여겨질 따름이다. 무뎌진 혀 탓에 예전처럼 와인과 음식을 즐길 수도 없다. 사랑은 이미 오래전에 잊어버렸다…"

물론 헤커는 노년의 아름다움을 이야기하는 글도 심심찮게 읽었다. 그리고 인정하건대 그런 글도 설득력을 자랑하기는 했다. 이를테면 성실하게 인생을 살아온 사람만이 보여줄 수 있는 당당하고 의젓한 얼굴, 눈물을 흘리기보다 웃음이 많아 생겨난 주름살, 많은 것을 봐온 덕에 그만큼 깊은 지혜를 자랑하는 눈은 실제로 존재한다. 그러나 이런 아름다움은 정말 드물다. 쉽게 눈에 띄는 것은 추한 노년일 뿐이다. 추한 노년은 일반적인 현상으로, 예외가 아니다.

아직은 추하지 않다는 점에서 헤커는 자신에게 불만을 품지는 않았다. 다만 은퇴까지 남은 시간이 안타까울 정도로 줄어들었음을 의식했다. 이제 고작 68일 남았다. 남은 날들을 생각하니 그는 자신이 폭삭 늙어버린 것만 같은 느낌을 떨치기 힘들었다. 이런 피로감은 일 때문이기도 하다.

헤커의 사무실 일상은 변하지 않았다. 지난 40년 동안 일해온 그대로 그는 아홉 시에서 아홉 시 반 사이에 출근해서 정오에는 동료들과 구내식당에서 점심을 먹고 그날의 마지막 커피를 마셨다. 물론 커피는 이탈리아를 사랑하는 마음 그대로 에스프레소 블랙이다. 오후에는 기사 원고를 손보고 제목을 짓고, 사진부서에 사진을 주문하고, 필자와 전화 통화를 한다. 그리고 보통 저녁 일곱 시쯤에 퇴근한다. 야근이 필요한 경우에는 한두 시간 정도 더 늦는다. 아무튼 한결같은 일상이며 이제 두 달 뒤 그가 앉았던 의자가 주인을 잃으리라는 조짐은 전혀 보이지 않는다.

그럼에도 헤커는 끝의 징후를 봤다. 우선 동료 대다수가 그에게 유독 친절하게 굴었다. 이 직업에서 흔히 듣는 비판의 목소리는 거의 사라졌다. 기자들끼리 주고받는 비판은 거칠기 일쑤다. 그만큼 경쟁의식이 치열하기 때문이다. 그는 다른 직업들의 일상은 훨씬 더 거칠 거라고 애써 위안하며 그런 비판을 너무 예민하게 받아들이지 않으려고 애썼다. 그러나 지금은 이런 비판들이 깨끗이 사라졌다. 모두 보란 듯이 그에게 공손했다. 공손함으로 노인을 차별하는구나 싶어 헤커는 슬며시 웃음이 나왔다. 그러나 웃을 일이 아니다. 그는 자신을 깨질 물건 다루듯 하는 동료들의 태도에 비위가 상했다.

저들은 너를 더는 진지하게 받아주지 않는 거야. 헤커는 생각했다. 갈등을 아예 피하겠다는 심산이며 그냥 헤커를 봐주겠다는 식이다. 노땅이랑 언성 높여봐야 무슨 소용이냐고, 어차피 이제 곧 없어질 것 아니냐고 하면서. 헤커는 입맛이 씁쓸했다. 아니, 내가 벌써 편집증 증세를 보이나? 너무 예민한 나머지 헛것을 보는 건가? 아니다. 최근에 갈등을 일으킬 일이 별로 없었던 탓이다. 헤커는 자신이 이처럼 예민해졌나 싶어 깜짝 놀랐다. 그는 본래 자신에게 전혀 다른 것을 기대했다. 노년의 너그러운 침묵, 긴장하지 않고 만사를 다스리는 태도. 그러나 마음과 달리 일상은 어딘가 모르게 삐거덕거린다. 그가 만사를 다스리는 게 아니라 만사가 그를 지배하고 있다.

헤커가 예민해졌다는 점은 후임 편집장이 몇몇 임원만 불러 잡지사의 미래 전망을 주제로 벌인 회의에서 특히 분명하게 드러났다. 대다수 다른 인쇄 매체와 마찬가지로 잡지 역시 오래 전부터 사정이 좋지 않았다. 구독자는 갈수록 줄어들고 광고 수익은 급감한 탓에 새로운 시대를 위한 아이디어를 창출할 상상력이 절실히 요구되고 있었다. 그러나 이 새로운 시대는 헤커의 시대가 아니다. 그는 회의에 참석하라는 연락을 받지 못했다. 아직은 여기 있지만 슬슬 설 자리를 잃는구나. 헤커는 쓰라린 속을 달랬다.

휴가 계획 역시 헤커의 속을 헤집어놓은 사건이었다. 각 부서의 동료들은 휴가를 대비해 머리를 맞대고 업무 분담을 조정한다. 일반적으로 이런 계획은 1년에 두 번, 휴가철이 되기 6개월 전에 미리 세운다. 이번에 동료들은 헤커에게 말도 걸지 않았다. 그는 휴가 계획에서 배제되었다. 하긴 얼마 안 있으면 매일 휴가일 사람한테 무슨 계획이 필요할까? 헤커는 이해했다. 그렇지만 매일 휴가이고 싶은지 누가 한 번이라도 물어봐 주었던가?

헤커는 이번 주에 정말 잘 지내지 못했다. 그는 그 어느 때와도 견줄 수 없을 정도로 업무량을 줄였다. 무엇보다도 그는 자신이 예전만큼 활동적이지 못하며 천천히 경직되어가고 있음을 느꼈다. 편집회의에서 그는 갈수록 말을 아꼈다. 거창한 아이디어를 제시한들 무슨 소용이 있는가? 어차피 실행에 옮길 때 자신은 자리에 없을 텐데. 왜 필자와 만나 무슨 주제로 글을 써야 할지 의견을 나눠야 하는가? 지금 의논해봐야 빨라도 6개월 뒤에나 성과물이 나올 텐데. 그러나 필자와 의견을 나누는 일이야말로 헤커가 가장 좋아했던 일이다. 이런 대화를 나눌 때면 창의성이 자극을 받아 새로운 아이디어가 샘솟았고 필자들은 그런 그를 아주 높이 평가했다. 이제는 이것도 끝나는구나.

헤커는 한숨지었다. 속이 쓰라렸다. 일의 상실은 단순히 일을 잃는 것 이상을 의미한다. 일을 잃는다는 건 곧 사람들과의 만날 기회가 줄어드는 것이다. 지금껏 협업을 통해 자연스럽게 이뤄졌던 교류는 이제 꺾이고 만다. 안타깝기는 하지만 그 어떤 환상도 갖지 말자고 헤커는 다짐했다.

혹시 그의 속을 그처럼 쓰라리게 만드는 것이 얼마 안 가 현실이 될 권력 상실일까? 헤커는 그건 아니라고 고개를 저었다. 그는 권위적인 모든 걸 싫어했으며 지도하는 위치에 오르려고 해본 적도 없었다. 필자들을 만나며 명성이나 사회적 위치 같은 것을 고려한 적도 전혀 없다. 물론 어떤 주제로 무슨 글을 내보내야 할지 최종적인 결정은 헤커가 내렸다. 자신이 이런 최종적인 결정권을 가졌다는 점을 혹시 그동안 즐겨온 것은 아닐까? 순간 그는 권력이라는 게 생각처럼 단순한 문제가 아님을 직감했다. 전혀 권력이 없는 것처럼 행동하며 권력을 가지고 싶지 않다고 말하는 것도 어떻게 보면 은밀한 권력 행사가 아닐까? 계속 이어지는 물음으로 머릿속이 혼란스러웠다. 아냐, 나는 권력형 인간이 아니야. 헤커는 생각을 떨쳐버리려는 듯 고개를 흔들었다.

이내 다시 회의가 열렸다. 이번의 주제는 올해에 치를 지방의회 보궐선거다. 두 의원을 새롭게 선출하는 선거로 후보들의 면면을 어떻게 소개할지, 이들이 제시하는 정책을 어떻게 분석할지 활발한 토론이 이뤄졌다. 헤커는 습관처럼 회의에 참석했다. 그러다 문득 이번 선거는 자신이 퇴직하고 난 다음에야 열린다는 것을 깨달았다. 그는 마치 오지 말아야 할 곳에 온 것처럼 낯을 붉혔다. 아직 관직에 있으나 더는 결정할 게 없는 정치가가 된 듯한 기분을 떨칠 수 없었다. 이런 게 레임덕일까. 끝은 이미 오래전에 시작됐구나. 시작도 하기 전에 시작돼버린 끝 앞에서 헤커는 할 말을 잃었다.

헤커는 지금 당장은 힘들더라도 눈을 활짝 열어 현실을 받아들이면 나중에 은퇴했을 때 아픔이 덜하지 않을까 자문했다. 그가 받아들인 메시지는 오해의 여지를 남기지 않았기 때문이다. 우리는 자네를 필요로 하지 않아. 자네가 없이도 우리는 거뜬히 해낼 수 있다고.

헤커가 자신을 대체 불가능한 인물로 여기는 것은 아니었다.

세상에 대체할 수 없는 사람은 거의 없다. 하지만 그렇다고 이처럼 노골적으로 알려줘야만 하는 걸까?

은퇴가 목전에 닥쳤다. 은퇴는 이제 더는 피할 수 없는 당연한 사실이다. 말 그대로 다른 것은 기대할 수도, 예상할 수도 없는 현실이다. 그런데 자신은 여전히 은퇴를 청천벽력처럼 받아들이고 있었다. 헤커는 씁쓸한 미소를 지었다.

자기 연민의 바다에 빠진 그는 혹시 거울에 비친 모습에 자기가 속은 것은 아닐까 자문했다. 내가 알아차리지 못한 늙음의 조짐이 있지 않을까? 세월은 분명 나를 망가뜨렸을 텐데. 예전보다 행동이 느려진 건 아닐까? 특히 생각의 속도가 떨어지지 않았을까? 잘 잊어버리나? 주의력이 떨어지나? 생각이 더는 명료하지 않은가? 노인처럼 뭉그적거리나? 자전거를 탈 때 안장에서 떨어질 것처럼 위태롭지 않은가? 자동차 운전대를 잡았다가 행인들을 무자비하게 치고 다니는 게 아닐까? 아이들이 자신의 늙은 얼굴을 보며 무섭다고 우는 것은 아닐까? 괴물로 변해서? 귀가 어깨까지 늘어진 괴물?

당신의 연금은 얼마?

당장에 닥친 기본생계비의 압박에
노년 빈곤을 실감하다

헤커는 그나마 자신은 행복한 편이라며
스스로 위로했다.
총액 1,180유로, 순수입 1,060유로.
불평하려는 건 아니야. 하지만 속이 좀 아프네.

헤커는 우편물을 수령했다. A4 규격 크기의 봉투 앞면에 '독일 연금보험공단 베를린-브란덴부르크'라는 로고가 선명하다. 그는 이 우편물이 조만간 올 것을 알고 기다렸다. 그럼에도 봉투를 여는 순간에는 마음이 조마조마했다. 연금 통지서. 드디어 그가 앞으로 매달 얼마나 많은 생활비를 쓸 수 있는지 확실하게 알게 되는 순간이 찾아왔다. 액수는 이미 첫 장에 큼지막하게 찍혀 있다. 분명한 만큼이나 불안해지는 액수다.

그러나 헤커는 액수를 따질 겨를이 없었다. 먼저 봉투 안에 든 서류를 차례로 살폈다. 그가 찾는 것은 훨씬 더 큰 불안을 조장할 혐의를 지닌 물건이다. 드디어 맨 마지막 장. 통지서 부록의 맨 끝에 신용카드처럼 생긴 것이 붙어 있었고 그 옆에 카드를 떼어내라는 안내문이 있었다. 카드 위에는 '연금 수령 자격 증명'이라는 문구가 새겨져 있었다. 그 아래 작은 글씨는 '사진이 있는 정식 신분증과 함께 제시될 때만 유효함'을 알린다. 영어와 프랑스어로 각각 'Pensioner's card', 'Carte de retraité'라는 표기도 있다. 10월 1일부로 효력 발생. 헤키는 카드를 뚫어져라 노려봤다.

드디어 올 게 왔구나. 공식적으로 증명된 끝장, 공인 끝장이 도래했구나. 카드는 극장이나 박물관 또는 축구장의 입장권을 할인된 가격으로 구입할 수 있게 해주는 자격 증명 카드이자 헤커의 미래 신분 증명 카드다. 옛날, 아주 먼 옛날에 그는 유아 증명 카드를 목에 걸었었다. 그러다 신분증을 얻었고 이제는 연금 수령 자격 증명 카드가 마지막으로 그의 손에 들어왔다. 아무래도 온전한 인격체는 인생의 한가운데에만 존재하고 어렸을 때와 늙었을 때 같은 가장자리에서는 대접받지 못하는 모양이다. 헤커는 착잡한 마음으로 카드를 노려봤다. 증명! 듣기만 해도 불쾌한 단어다. 자신이 속속들이 까발려진 것만 같아 불편하기만 하다.

무슨 그런 감상에 젖어! 그의 냉정한 인격이 간섭했다. 그의 눈은 다시금 이 작은 플라스틱 카드로 향했다. 현실은 아무 꾸밈도 없이 정말 조촐하구나. 그는 연금 수령 카드를 한 번도 본 적이 없었다.

그는 이제 통지서의 첫 장으로, 연금 수령액으로 돌아갔다. 1,180이라고 적혔다. 물론 단위는 유로화다. 독일 연금보험공단이 매달 헤커에게 지급하겠다는 총액은 1,180유로다. 절로 푸념이 나왔다. 40년 동안 단 하루도 쉬지 않고 일했던 그였다. 그런데 고작 1,180유로라고? 그것도 공제금을 제하지 않은 총액이다. 그 액수에서 의료보험료와 요양보험료 120유로가 빠지면 순수입은 매달 1,060유로다.

물론 이게 놀랄 일은 아니다. 헤커는 과거 연금보험공단으로부터 노년의 경제적 어려움을 대비하라는 안내문을 거듭 받아왔다. 하지만 안내문의 논조는 항상 접속법, '…하면 …할 것이다'라는 가정법이었다. '65세까지 일을 하면 현재 수준으로 미뤄 매달 지급받을 액수는…' 그 옆에는 뭐가 뭔지 알 수 없는 수열이 이어지며 지금껏 거친 직장의 근무 연수에 역시 암호 같은 연금 점수 계산이 나온다. 헤커는 그런 계산과 가정법을 별로 주목하지 않았다. 그러나 오늘부터 가정법은 직설법으로 바뀌었다.

그는 자신이 근무한 햇수가 많기는 해도 연금이 많지는 않으리라는 점을 익히 알았다. 첫 번째 아내와의 이혼으로 법원은 이른바 '연금 조정'을 결정하고 전처에게 연금의 일부를 지급하라고 판결했다. 그는 그게 옳다고 생각했다. 전처는 어린 아이들을 돌보느라 몇 년을 휴직했다. 보상을 받아 마땅하다.

그렇지만 아무 공제를 하지 않은 총액이 1,180유로라니. 헤커는 속이 쓰라렸다. 그는 기자 생활을 하는 내내 언론연금조합에 가입하지 않았다. 그걸 불입해봐야 받을 액수가 너무 적었기 때문이다. 그러나 지금 와서 생각하니 대략 400유로가 수입으로 보장된다. 물론 이 금액에서도 의료보험료를 제해야 하며 그러면 의료보험으로만 260유로를 납부해야 한다. 액수가 많이 늘어나는 것은 아니지만 지금의 조촐한 연금에 비하면 그 정도도 아쉽다.

그럼에도 놀라운 사실은 이 조촐한 월수입이 독일 국민들의 노후 수입에 비하면 그나마 사정이 나은 절반에 속한다는 점이다. 이것이야말로 스캔들이라고 헤커는 분노했다. 연금이 적어서가 아니다. 이 조촐한 연금도 특권이라는 것이 현실의 부조리함을 여실히 보여주기 때문이다.

아무튼 10월 1일부터 인생은 쉽지 않아진다. 프란치스카 역시 큰돈을 모으지는 못했다. 번역이라는 일은 어떤 때는 몇 달을 바삐 작업해야 할 정도로 계약이 쌓이는가 하면, 아예 문의조차 없어 두 손 놓고 있을 만큼 기복이 심하다. 어쨌거나 한 가지는 분명하다. 10월부터 이 늙은 부부는 씀씀이를 확 줄여야만 한다. 물론 이제 큰돈이 들어갈 일은 거의 없다. 막스와 파울라는 이미 자립을 해서 더는 돌봐주지 않아도 된다. 그래도 헤커의 살림살이는 그 규모가 만만치 않다. 무엇부터 어떻게 줄여야 할지 그는 벌써부터 골치가 아파왔다.

헤커의 머릿속에 삭제 대상 목록이 그려졌다. 아무래도 가장 먼저 줄여야 할 것은 청소비용이다. 청소부가 매주 한 번 와서 세 시간 동안 집 청소와 정리 정돈을 해주는데 여기에 매달 140유로가 들어간다. 연금 수령액에 비해 결코 적다고 할 수 없는 금액이다. 이제 더는 감당할 수 없는 지출이구나. 헤커는 속이 쓰려왔다.

청소부는 아주 오랜 세월 동안 헤커의 집을 돌봐주었다. 헤커와 프란치스카가 휴가를 떠났을 때는 화분에 물을 주고 우편함도 비워주어 가족이라는 생각이 들 정도로 정이 들었다. 그런 이에게 이제 더는 오지 말라고 이야기하는 것은 생각만으로도 속상했다. 그렇지 않아도 형편이 어려운 사람에게 너무 냉혹한 처사가 아닐까. 그러나 어쩌랴. 돈이 턱없이 부족한걸. 이제 시간은 충분하니 청소는 직접 해결할 수밖에 없다. 헤커의 속에서는 벌써부터 거부감이 치솟았다. 다른 모든 집안일은 그럭저럭 괜찮지만 청소만큼은 질색이었다. 그러나 달리 방법이 없다. 가정주부 헤커, 청소부 헤커.

또 줄여야만 하는 건 무엇일까? 지하실의 와인 셀러다. 그곳에 저장된 와인들은 만만치 않은 가격을 자랑한다. 헤커가 보르도산 최고급 와인에 목을 매기 때문은 아니다. 그 정도까지 사치를 부리지는 않았다. 그는 왜 와인 한 병에 수백 유로나 주어야 하는지 이해할 수 없었다. 그처럼 많은 돈을 와인에 지불하는 사람은 속물로 여겼다. 헤커는 그보다 더 적은 돈으로 최고의 와인을 즐길 줄 알았다. 더 적은 돈이라고는 하지만 그래도 상대적으로 많은 돈이다. 헤커는 자신의 장보기 정책을 바꿔야 한다고 생각했다. 줄여야 할 게 한두 가지가 아니다.

더 줄여야 할 건 무엇일까? 저 낡은 시트로엥Citroën이다. 헤커는 자전거를 즐겨 타기는 했지만 비가 오는 날과 겨울에는 자동차가 고마웠다. 애마와 이별한다는 건 분명 힘든 일이다. 그러나 피할 수 없는 노릇이다. 신문 구독도 취소해야 한다. 은퇴 노인이 일간지 3종을 구독하는 것은 분명 지나치다. 지역 신문 하나면 충분하다고 그는 아쉬움을 달랬다.

그리고 기부 활동도 더는 할 수 없다고 헤커는 마음을 다져 먹었다. 앰네스티 인터내셔널과 헤커가 한때 공부한 적 있는 뮌헨의 문화센터에 매달 보내던 기부금은 더는 낼 수 없다. 기부금 문제 역시 그의 속을 헤집어놓았다. 벌어들이는 수입에서 약간이라도 일정 부분을 기부하는 것은 그가 평생 지켜온 중요한 원칙이다. 이제 이마저도 감당할 수 없는 걸까?

프란치스카와 함께하는 여행도 앞으로는 감당하기 어려워진다. 솔직히 말해서 이 부부는 지난 세월 여행에서만큼은 그들의 숨은 소비 욕구에 무척 관대했다. 부부는 결코 싸지 않은 호텔에 묵었으며 점심은 대부분, 저녁은 항상 레스토랑에서 해결했다. 인터넷에서 특별 할인 이벤트를 찾아내는 프란치스카의 재능 덕분에 그나마 지출을 줄인 것이 다행이다.

베를린의 일상에서도 헤커는 저녁에 즐겨 외식을 했으며 사람들에게 통 크게 식사 대접을 하곤 했다. 누가 계산할까 눈치 보는 게 싫어 먼저 선수를 치던 여유도 이제는 끝이다. 늙음은 사람을 인색하게 만든다며 헤커는 입맛을 다셨다. 그럼에도 이젠 엄격해질 수밖에 없다. 지출을 줄여야 해. 그래도 옛날에는 이렇게 쫀쫀하지는 않았건만. 안 돼. 줄여, 줄이자고. 도대체 왜 나는 평생 조촐하게 사느라 안간힘을 써야 하는 걸까?

생활비 문제로 속을 끓이던 헤커는 그래도 이것 하나만큼은 절대 포기할 수 없다고 마음을 먹었다. 지금 살고 있는 집은 결코 포기할 수 없다! 이 집이야말로 부부가 꿈에 그리던 집이었기 때문이다. 집은 13년 전 프란치스카가 찾아냈다. 그녀는 집을 보는 즉시 홀딱 반했고 헤커도 마찬가지였다. 슈프레강에 직접 맞닿은 곳에 고풍스럽게 지어진 방 세 개짜리 집. 본래 헤커는 슈프레강을 아름답다고 여기지 않았다. 무어라 표현하기 힘든 칙칙한 강물 때문에 강이라기보다는 하수처럼 느껴졌다. 게다가 강은 흐른다고 믿기 힘들 정도로 고여 있기만 했다. 그렇지만 집의 발코니에서 강을 지나가는 유람선을 보는 전망은 탁월했다. 게다가 도심의 상당히 넓은 부지를 차지하고 있는 티어가르텐Tiergarten 공원이 바로 옆이다. 집은 도시의 다른 어떤 지점도 견주지 못할 정도로 중심에 있으면서도 사방이 녹지였다.

헤커와 프란치스카는 난방비를 포함한 월세를 1,000유로 가깝게 내고 있었다. 가스와 전기는 별도로 계산해야 한다. 내 연금으로는 월세 내기도 벅차구나. 헤커는 한숨을 쉬었다. 장기적으로 볼 때 이곳에서 계속 살기는 현실적으로 어려웠다. 하지만 이 집을 어떻게 포기할 수 있을까? 그는 가슴이 먹먹해졌다. 그와 프란치스카가 아늑한 보금자리로 꾸며온 집이다. 그런 집을 포기한다는 건 문패에 적힌 그와 아내의 이름을 버리는 것이나 다름없다는 생각에 헤커는 얼굴이 화끈 달아올랐다. 하지만 대체 이 집을 어떻게 유지할까?

노년에 이처럼 경제적 어려움을 겪게 된 책임이 다른 누구도 아닌 자신에게 있다는 점을 헤커는 인정하지 않을 수 없었다. 경각심을 가지고 진지하게 대비를 해야 했거늘. 그러나 그는 지금껏 노후를 심각하게 고민해본 적이 없었다. 심지어 젊은 시절에는 이런 태도를 당연하게 여겼다. 20대나 30대에 누가 벌써 노후 걱정을 하는가? 헤커는 젊어서 노후를 걱정하는 사람을 보면 신기하다는 생각부터 했다. 인생을 얼마나 두려워하기에 꿈을 펼치려 노력해야 할 젊은 시절에 노후 대비부터 걱정할까? 인생을 살기도 전에 늙어버린 애늙은이라며 헤커는 그들을 비난하곤 했다. 하지만 지금 그는 그들이 영리한 애늙은이였다며 자신을 책망하고 있다. 어쨌거나 그들은 그보다 훨씬 영리하다.

헤커는 노후를 전혀 신경 쓰지 않았다. 생명보험에 가입하지도, 주식도, 투자도 하지 않았으며 심지어 적금도 들지 않았다. 그저 내일이 없는 것처럼 돈이 들어오는 대로 쓰는 인생을 살았다. 이제 그 대가를 치르는구나 하는 생각에 헤커는 입맛이 썼다. 은퇴의 유일한 장점은 자유 시간을 얻는 것이었는데 자유 시간이 속절없이 날아가게 생겼다. 이 자유 시간을 누릴 아무런 수단도 그는 갖지 못했기 때문이다. 참으로 형편없는 인생 설계를 했구나.

동시에 헤커는 자신의 불평이 배부른 소리임을 알았다. 은퇴하는 많은 사람들이 연금 통지서를 받는 순간을 무엇과도 비할 수 없는 참혹한 경험, 깊은 충격으로 받아들인다. 이들이 매달 받는 연금은 기껏해야 세 자릿수에 지나지 않기 때문이다. 독일의 은퇴자 가운데 대략 절반 정도는 통계적으로 볼 때 매달 700유로에 약간 못 미치는 연금을 수령한다. 이 액수는 대략 현재 수준에서 기본생계비에 해당한다. 다시 말해서 각종 보험을 의무적으로 가입해야만 하는 직장을 다녔는지 여부와 상관없이 모든 은퇴 생활자가 기본적인 생계를 유지하는 데 필요한 최저생계비는 현재 월세와 난방비 보조금을 포함해 약 700유로다.

물론 액수는 지역마다 조금씩 차이를 보인다. 예를 들어 뒤셀도르프의 생계비는 바이에른발트보다 훨씬 더 높다. 500유로도 안 되는 연금을 받는 사람도 수두룩하며 심지어 300유로가 안 되는 경우도 허다하다. 이처럼 큰 편차가 나타나는 이유는 통계의 함정 탓이다. 이 통계에는 연금보험에 의무적으로 가입하는 직장에서 단기간 근무한 사람들의 소액연금이 함께 반영되었다.

통계 수치는 상황이 그나마 괜찮은 것처럼 꾸며낸다. 그럼에도 사람들은 은퇴가 곧 빈곤으로의 추락임을 알고 있다. 은퇴 연령으로의 진입은 많은 이들에게 이중의 고초를 겪어야만 하는 인생 단계의 시작을 뜻한다. 몇십 년을 두고 익숙해진 일상생활이 바뀔 뿐만 아니라 대다수 사람들에게 은퇴는 경제적 추락을 의미하기 때문이다.

연금 문제가 선거뿐만 아니라 일상에서도 가장 큰 논란이 되곤 하는 것은 놀라운 일이 아니다. 노동부와 사회부 장관을 역임했던 노르베르트 블륌Norbert Blüm이 사회적 두려움을 진정시키려고 기회가 있을 때마다 되풀이했던 "연금은 안전하다"라는 말이 국가의 노후 보장 정책과 관련해 역사상 최악의 망언이라는 비난을 받는 이유가 달리 있는 게 아니다.

이 역사는 17세기에 시작되었다. 군인을 대상으로 첫 번째 연금제도가 도입되었지만 그 혜택을 누린 사람은 극소수였다.

제대를 하면서 연금 수령에 필요한 연령에 도달하는 사람이 거의 없었기 때문이다. 이런 사회보장 체계는 18세기에 공무원에게로 확장되었다.

1889년 6월 22일은 독일의 연금보험이 탄생한 날이다. 제국 수상 오토 폰 비스마르크Otto von Bismarck는 상해와 노년 보장을 위한 법을 발효시켰다. 최소한 40년 동안 직업 활동을 한 사람은 70세부터 국가가 보장하는 연금을 받을 자격을 얻었다. 물론 당시에는 기대수명이 턱없이 낮아 오로지 극소수의 국민만 이런 혜택을 누렸다. 1916년 연금 수령 연령이 65세로 낮춰졌을 때조차 국민의 4.4퍼센트만 연금을 받았다.

제1차 세계대전이 끝난 뒤 혜택을 보는 사람이 약간 늘어나기는 했지만 이내 연금 체계는 혼란에 빠졌다. 1930~1932년 사이에 빚어진 세계 경제위기로 연금 체계는 대폭 축소되고 말았다. 이후 몇 년 동안에도 연금은 생계비 보장에 턱없이 부족한 일종의 보조금이었을 뿐이다. 심신의 여건이 허락되는 사람은 죽을 때까지 일했다. 그렇지 못한 사람은 가족에게 '쓸모없는 식충이'라는 소리를 들으며 부양을 받아야만 했다.

1957년 콘라트 아데나워Konrad Adenauer 정부 아래서 연금 체계는 근본적으로 변화했다. 연금이 예전에는 노동자가 적립한 금액을 자본시장에 투자해 충당되었다면, 아데나워가 도입한 연금 체계는 이른바 '세대 계약'이라는 모델에 따라 노동을 하는 젊은 세대가 생업 활동에서 물러난 노인 세대를 위해 연금을 지불해주는 형식을 취했다. '동태적 연금'이라는 개념은 이때 생겨난 것이다.

연금 수령 액수는 일반적인 봉급 인상 추세에 맞춰 계산된다. 이때부터 연금은 실질적으로 봉급을 대체하는 것이 되었다. 이렇게 해서 받는 연금은 예전에 받던 월급의 약 70퍼센트에 이르렀다. 이 정도 수준이면 기본적인 생활비가 확보된다고 본 계산법이다. 노년에는 일반적으로 몇몇 지출을 줄일 수 있다는 것, 무엇보다도 자녀양육비가 들지 않는다는 것이 이 계산법의 근거다. 또 개인적인 노후 대비, 이를테면 생명보험을 들 필요가 없어지기도 한다.

동태적 연금의 도입 이후 은퇴자는 정말 좋은 시절을 보냈다. 1957년에서 2003년까지 연금은 8.5배 상승했다. 1970년대 초 빌리 브란트 정부는 자영업자와 주부에게도 연금을 개방했으며, 헬무트 콜Helmut Kohl 정부는 심지어 65세가 된 국민 모두가 연금을 받을 가능성까지 열어놓았다. 물론 자격 요건에 미달하는 경우 부족한 부분을 추후 납부한다는 조건이 붙기는 했다. 그러나 전체적으로 볼 때 이 시절의 연금은 생활하기에 부족함이 없는 안정적인 것이었다. 이후 많은 수정과 여러 개혁 시도에도 이런 사정에는 거의 변화가 없었다. 그러다 급격하게 혼란이 시작되었다.

새천년은 새로운 화두를 제시하며 시작되었다. 이 새로운 화두는 인구구조의 변화다. 갈수록 고령자가 늘어났고 젊은 세대는 자녀를 갖지 않았다. 게다가 직업 활동 시간이 크게 단축되었다. 과거에는 평균 16~17세에 직업을 가지기 시작한 반면 이제 그 연령은 25세로 현격히 높아졌다. 동시에 사람들은 예전보다 직업 활동을 덜했으며 65세가 되기도 전에 아예 그만두었다. 이로써 연금보험금을 납입하는 햇수가 줄어들었다. 그 결과 세대 계약은 무너지고 말았다. 동태적 연금이 위험에 처하자 사람들은 세대 계약이 무너지는 건 시간문제라고 앞다퉈 예언했다.

헤커는 정치 기자로서 갈수록 심각해지는 이런 추세를 고스란히 목도해왔다. 그러나 그는 위기를 무시하고 잊어버리는 데 선수였기에 그다지 걱정을 하지 않았다. 연금 체계의 붕괴 임박은 그래도 먼 훗날의 이야기라며 자신에게는 해당되지 않는다고 생각했다. 더욱이 연방정부는 정권이 바뀔 때마다 열심히 연금을 구조할 가능성을 모색했다. 2001년 사민당과 녹색당의 적록연정*은 획기적인 아이디어를 찾았다고 믿었다. 법적인 연금보험, 심각한 위협을 받는 동태적 연금 체계와 더불어 자본시장에 투자를 해서 노후를 대비하는 모델이 도입되었다. 이

---

* 독일 사회민주당과 녹색당의 연립정부.

모델은 당시 노동부장관의 이름을 따서 '리스터Riester 연금'*이라 불린다. 노동자는 자본시장에 투자함으로서 은퇴를 대비하되 정부는 보조금을 지급하는 형식이다. 정부는 이로써 노후 대비의 두 번째 기둥이 마련되었다고 자신했다.

두 번째 연금 개혁 시도는 2004년에 이뤄졌다. 이제 고도로 복잡한 연금 수학에 이른바 '지속성 조항'이 첨부되었다. 인구 구조의 변화가 연금에 긍정적인 쪽으로 이뤄진다면 연금은 계속해서 임금 수준과 맞물려 계산된다. 그러나 인구 변화는 계속 노년층이 늘어나는 쪽으로 이뤄진 탓에 연금은 꾸준히 줄어들었다.

게다가 2005년부터 연금에 세금을 강화하는 쪽으로 법 개정이 이뤄졌다. 물론 세금은 고소득층에게만 해당한다. 세금을 내야 하는 국민은 전체의 4분의 1에 지나지 않았다. 각종 부수입, 이를테면 임대수익이나 이자수입에도 세금이 부과되었다. 소액 연금은 납세 대상에서 제외되었다. 정부는 이 사실을 기회가 있을 때마다 강조하지만 그래서 연금이 안정적이라는 주장은 말이 되지 않는다. 연금 자체가 꾸준히 줄어든 마당에 그런 주장은 사실을 호도하는 꼼수일 따름이다.

결국 2007년 연금을 받는 은퇴 연령이 67세로 상향되는 결

---

* 발터 리스터(Walter Riester)는 1943년생의 독일 정치가로 노동부장관을 지냈다. 재임 시절 그가 도입한 연금 체계를 '리스터 연금'이라 부른다.

정이 내려졌다. 2012년부터 발효되는 이 법은 1947년생부터 적용된다. 1947년생은 65세 생일이 지나고 한 달 더 일을 해야 하며 이듬해인 1948년생은 두 달 더 하는 식으로 단계적으로 시한을 늘려, 2029년에는 최종적으로 67세에 누구나 연금을 수령하게 된다.

그러나 지금 추세로 볼 때 은퇴 연령은 더 높아질 전망이다. 인구 변화의 경향에 반전이 일어날 조짐이 보이지 않아 벌써 은퇴 연령을 상향 조정해야 한다는 논의가 뜨겁기 때문이다. '경제 현인'을 역임한 베르트 뤼루프*는 이렇게 말했다. "10년이 지나면 우리는 다시금 은퇴 연령을 두고 이야기해야만 한다." 오늘날 벌써부터 '70세 은퇴'라는 말이 회자되고 있다.

헤커는 이런 논의를 듣는 것이 좋았다. 그는 은퇴 연령을 법으로 묶어놓는 것을 반대하는 입장이었다. 물론 65세나 67세를 넘겨서도 일하는 것이 금지되어 있지는 않다. 하지만 너무 많은 임금 협약이 서로 얽혀 사실상 은퇴 연령은 존재한다. 헤커는 이를 이해할 수가 없었다. 왜 우리는 스웨덴처럼 하지 못할까? 스웨덴은 이미 1999년 은퇴 연령을 유연하게 다루는 모델을 채택했다. 원하는 사람은 61세에 삭감 없이 연금을 받을

---

* 베르트 뤼루프(Bert Rürup)는 1943년생의 독일 경제학자다. 그가 역임한 경제 현인이란 독일 정부의 위촉을 받아 전체 경제의 흐름을 진단하고 자문하는 다섯 명의 자문단 위원을 이르는 명칭이다.

수 있다. 더 오래 일하고 싶은 사람은 일한 만큼 더 연금을 받는다. 스웨덴의 은퇴 평균 연령은 이렇게 해서 65.7세로 높아졌다. 영국도 2011년 법적인 은퇴 연령을 폐지했다. 헤커는 이런 일련의 조치가 대단히 이성적이라고 평가했다. 전문 인력이 갈수록 부족해지는 추세에 이런 선택은 인력 활용의 좋은 사례이기 때문이다.

독일 정부의 연금 구조 시도는 노령의 생활 안정 체계가 심각한 위기에 빠지는 것을 막지 못했다. 지난 10년 동안 연금은 네 차례나 제로 인상을 기록했다. 임금과 봉급이 올라도 노인은 빈손으로 만족해야만 했다. 이따금 최소한의 인상이 이뤄지기는 했다. 이를테면 2013년 서독 지역은 0.25퍼센트 인상(동독 지역은 3.29퍼센트 인상)으로 1,000유로의 연금에 매달 2.50유로를 더 주는 인상이 이뤄졌다. 그러나 인플레이션 비율이 당시 1.6~1.8퍼센트 정도였던 것을 감안하면 이 정도 인상은 사실상 손실을 의미한다.

이런 사정은 오랜 세월을 두고 변하지 않아 노년층의 구매력은 지속적으로 떨어졌다. 독일 사회연맹은 오늘날 노년층의 구매력이 10년 전보다 12퍼센트 떨어진다는 계산 결과를 내놓았다. 노년층의 눈앞에는 빈곤의 유령이 도처에 어둠의 그늘을 드리운다. 헤커는 이 문제를 익히 알고 있었다. 그가 자주 함께 일했던 프리랜서 필자들은 노년을 두고 크게 걱정했기 때문이다. 그들의 수입은 정말로 적었다. 신문 업계가 어려워질수록 이들의 형편은 그만큼 나빠졌다. 대다수 프리랜서 필자들은 피할 수 없이 '하르츠^{Hartz}4'*에 기대어 연금을 높일 수밖에 없었다.

헤커는 여전히 많은 사람들이 노년층 빈곤이라는 주제가 터무니없이 과장되었다고 받아들인다는 사실에 놀라움을 금치 못했다. 독일의 노년층이 오늘날처럼 잘 지냈던 때는 없었다는 것이 이들의 주장이다. 은퇴 생활자는 매년 여행에 180억 유로를 지출하며, 모든 크루즈 여행의 80퍼센트는 50대 이상의 중·노년층이 예약하고, 모든 신차의 80퍼센트도 이 연령대가 구입한다는 것이 이들이 내세우는 근거다. 은퇴 생활을 하는 부부는 평균적으로 매달 2,800유로를 쓴다. 물론 이 액수는 세금과 의료보험 그리고 다른 공과금을 포함한 것이다.

평균치가 이처럼 높게 나오는 이유는 간단하다. 고소득층의 재산과 개인적 노후 대비를 위한 보험 따위가 함께 계산되어 있기 때문이다. 최근 조사에 따르면 서독 지역의 남성이 받는 평균 연금은 1,005유로, 여성은 508유로다. 동독 지역은 이보

---

* 하르츠는 2002년 독일의 슈뢰더 총리가 입안하고 실행한 사회복지 체계의 개혁안이나. 위원장 페더 하르츠(Peter Hartz)의 이름을 딴 이 개혁안은 모두 4차에 걸쳐 실행되었으며 4차 개혁안인 하르츠4는 장기 실업자에게 최소 생활비 수준의 근로장려금을 지급하는 안으로 2005년에 실행되었다. 본문의 언급은 프리랜서들이 자신을 실업자로 등록해 기초연금을 받았다는 뜻이다.

다 약간 더 높다.

이 모든 숫자는 말해주는 것이 별로 없다. 이런 통계에는 매우 적은 수입을 가진 은퇴 생활자의 수가 늘어나고 있다는 점이 거의 반영되지 않았기 때문이다. 예전과 다르게 오늘날 한 분야에서 오랫동안 직업 활동을 하지 못하고 중간중간 끊기면서 직업을 바꾸는 사람들은 늘어만 간다. 45년 동안 중간에 쉬는 기간 없이 꾸준히 일한 사람은 예외에 속한다. 이혼율은 높아지고 결혼하는 사람들은 갈수록 줄어들며 한부모가정은 늘어만 간다.

2012년 말만 하더라도 정부가 주는 생계 보조금을 받는 은퇴자는 50만 명이다. 독일의 은퇴자가 대략 2,000만 명임을 생각하면 50만 명이 많은 것은 아니다. 하지만 문제의 심각성은 경종을 울릴 수준이다. 노년 빈곤층의 실제 수는 50만 명보다 서너 배 정도 더 높기 때문이다. 보조금을 받는 것이 부끄러워서 어려움을 그냥 견디며 사는 노인들이 그만큼 많다는 뜻이다.

특히 불안한 사실은 보조금을 받아야만 생계유지가 가능한 사람들이 꾸준히 늘어나고 있다는 점이다. 2011년에 비해 2012년의 보조금 수령자는 6.6퍼센트 늘어났다. 2005년과 비교하면 35.6퍼센트나 증가했으며 이런 증가 추세는 갈수록 빨라지고 있다. 연금 개혁이 이뤄지지 않는다면 "불과 몇 년 뒤

수백만 명의 은퇴자들이 보조금을 신청하러 줄을 설 것이다"라고 독일 노동자복지연맹Arbeiterwohlfahrt은 경고한다.

노년 빈곤에 특히 심각한 위협을 받는 쪽은 서독 지역의 은퇴자다. 동독 지역의 노년 빈곤층은 2퍼센트인 반면 서독 지역은 3퍼센트에 이른다. 그중에서도 서독 지역의 여성은 가장 큰 위협을 받는다. 서독 지역의 노년 여성 빈곤층은 무려 3.3퍼센트나 된다. 동독 지역의 여성들은 구동독 시절 대개 직업 활동을 해서 더 높은 연금을 받을 권리를 가졌기 때문에 이런 차이가 빚어졌다.

정치는 이런 경고 신호에 반응했다. 연금 체계의 불합리한 점을 인정하고 노년 빈곤층 문제를 해결하기 위해 재정을 마련하고자 바쁘게 움직이고 있다. 기독교민주연합CDU 소속 노동부 장관 우르줄라 폰 데어 라이엔Ursula von der Leyen은 생명 유지 연금Lebensleistungsrente이라는 모델을 제안함으로써 논란에 불을 붙였다. 다른 정당들도 이름만 다를 뿐 동일한 내용으로 녹색당은 보장 연금Garantierente, 사민당은 연대 연금Solidarrente을 제안하고 나섰다. 그러나 정치가들은 이런 모델로 30~40년 동안 일한 사람들의 연금을 850유로로 조촐히 인상하는 데 몇 백억 유로라는 재원이 필요하다는 점은 별로 이야기하려 하지 않는다. 세금 인상이 없이 이런 재원은 마련될 수 없다.

그동안 노년층의 빈곤 함정이 얼마나 커졌는지는 최저생계비에 턱없이 못 미치는 연금 탓에 돈벌이에 나선 노인들이 폭발적으로 늘어났다는 사실이 잘 보여준다. 생업 현장에 나선 노인은 80만 명이며 그중 66만 명은 푼돈을 받는 아르바이트를 한다. 이는 10년 전보다 25만 명 더 늘어난 것으로 그 증가 폭은 57퍼센트다. 이는 빈곤이 그만큼 심각해졌다는 증거다. 더욱이 세금을 피하기 위해 몰래 불법노동으로 돈을 버는 노인들은 통계에 전혀 반영되지 않았다.

아무튼 확실한 것은 지금의 연금은 예전의 생활수준을 보장하지 못할 뿐만 아니라 빈곤을 막아줄 수도 없다는 점이다. 심지어 직장 생활을 할 때 수입이 좋았거나 매우 좋았던 사람도 은퇴 이후 넉넉하게 살 수 없다. 현재 최고 연금은 약 2,200유로지만 사실상 이 액수에 도달하는 사람은 거의 없다. 이 정도 연금을 받기 위해서는 45년 동안, 곧 근무 초기부터 최고 수준의 보험료를 납부해야만 한다.

예전에 생활수준을 보장해주는 것으로 기획된 법적 연금 보장은 갈수록 일종의 보조금 형태로 전락하고 있다. 정치가들이 보기에 노후 보장의 미래는 세 가지 요소로 구성된다. 전통적인 법적 연금 보장과 개인과 기업의 노후 대비가 그 세 가지 요소다. 이런 미래가 장밋빛으로 보이지는 않는다. 기업은 직원의 노후 대비에 아주 까다로운 조건을 내건다. 이를테면 직원이 50퍼센트를 부담해야만 나머지 50퍼센트를 지원해주는 조건에 흔쾌히 응할 직원은 거의 없다. 그리고 개인적 노후 대비를 위해 보험을 들려면 돈이 필요하다. 바로 그래서 독일 국민 1,700만 명만이 국가가 보조해주는 리스터 연금을 받아들였을 뿐이다. 이는 전체 가능한 계약의 20퍼센트에 해당하는 조촐한 수준이다. 많은 사람들이 사실상 이런 보험을 유지할 돈이 없다.

또 다른 문제는 리스터 연금 탓에 사회 전체가 금융시장에 의존하게 되었다는 점이다. 금융시장의 고질적인 불안정성은 노후 대비를 불안정하게 만든다. 게다가 저금리 시대에 자본시장의 수익성은 갈수록 매력을 잃어가고 있다. 그동안 전문가들은 리스터 연금을 두고 실패작이라고 단언했다. 금융 테스트 재단Stiftung Finanztest은 리스터 연금을 복권 놀이라고 혹평했다. 독일 경제연구소는 돈을 자본시장에 투자하느니 차라리 적금을 들라는 냉소적인 충고를 했다.

아무튼 현재 연금의 상황은 어렵기만 하다. 그리고 더욱 심각한 위기가 도래할 전망이다. 오늘날 연금 생활자는 직장 생활을 할 때 받았던 급여의 60퍼센트 정도를 연금으로 받으며 2030년에 이르면 이 수준은 43퍼센트로 떨어진다. 인구 변화 추세가 변하지 않는 한 이런 하락을 막을 대안은 없다고 정치가들은 애써 강조한다. 그리고 인구 변화가 긍정적인 쪽으로 이뤄지지 않을 것은 확실하다.

상황을 더욱 열악하게 만드는 것은 오늘날 40대 중반 세대가 직면한 두 번째 위기, 곧 요양비용의 폭발적 증가다. 갈수록 더 길어지는 평균수명은 연금뿐만 아니라 요양보험도 위협한다. 장차 발생할 요양비용을 감당하기 위해서는 요양보험료의 급격한 인상이 불가피하다.

　1995년 자신의 '세기적 작품'인 요양보험을 의기양양하게 선보였던 노르베르트 블륌은 독일에서 요양을 필요로 하는 노인의 수가 2015년까지, 곧 20년 동안 190만 명에 이를 것으로 전망했다. 그러나 그것은 엄청난 착오였다. 190만 명은 7년 뒤인 2002년에 벌써 넘어섰으며 2004년에는 200만 명을 넘겼다. 이후의 전망은 더욱 충격적이다. 2020년에는 300만 명이라는 고지를 넘어선다.[*] 이를 감당하려면 돈이, 엄청나게 많은 돈이 필요하다. 미래의 은퇴자가 받을 부담은 오늘날 상상도 할 수 없을 지경으로 크다.

　헤커는 그나마 자신은 행복한 편이라며 스스로 위로했다. 총액 1,180유로, 순수입 1,060유로. 불평하려는 건 아니야. 하지만 속이 좀 아프네.

---

[*] 2021년 2월 현재 독일 통계청이 발표한 요양 노인 환자 수는 413만 명이다. 2014년에 출간된 이 책의 전망치보다도 자그마치 113만 명이 더 늘어난, 그야말로 폭발적 증가세다. https://de.statista.com/themen/785/pflege-in-deutschland/(2021년 2월 11일에 열어봄).

이보다 더 좋을 순 없어

홀로 선다는 것은 무한한 자유이면서
눈사태 같은 공허함이다

혜커는 그녀에게 앞으로 요가도 하고
독서 모임에 나갈 거라고,
합창단에 들어가 노래를 부르고
시위도 할 예정이라고 말했다.
"그럼, 어서 해."
프란치스카가 말했다.

헤커는 지루함을 견딜 수가 없었다. 하루가 무료하게 지나갔다. 사무실의 일이 이처럼 질척거리며 풀리지 않는 경우는 겪어본 적이 없었다. 피곤함과 서글픔이 뒤섞인 묘한 분위기가 그를 놓아주지 않았다. 이런 분위기를 무어라 표현해야 좋을지 그 단어를 찾아내는 데만 며칠이 걸렸다. 삶의 현장에 존재하면서도 동시에 부재하는 것만 같은 느낌의 혼재. 그렇다. 이건 작별의 감정이다. 이제 마지막 근무 날까지는 4주도 남지 않았다. 헤커는 제대할 날이 얼마 안 남은 병사처럼 날을 헤아릴 필요조차 없다. 그럼에도 시간은 지독하게 가지 않았다. 마치 어제와 내일 사이 어딘가에 끼어 있는 것만 같은 느낌이 그를 무척 힘들게 했다.

헤커에게 이것은 미지의 땅이었다. 세계에서 떨어져 나왔으나 누구도 적응할 수 없는 낯선 공간. 그 생경함을 헤커는 견딜 수가 없었다. 오늘날에도 무인지경이라는 미지의 지대가 존재할까? 어렸을 때 부모와 휴가 여행을 가면서 차를 타고 그런 지대를 지나갔었다. 국경과 국경 사이, 누구의 땅도 아니기에 아무도 편안할 수 없는 그런 지대 말이다.

헤커는 그런 곳을 보며 좀 섬뜩하다는 느낌을 지울 수 없었던 것을 정확히 기억한다. 그런 곳에도 법이 있을까? 만약 아버지가 운전을 하다가 사고를 낸다면 무슨 일이 일어날까? 경찰은 어디서 나타나지? 아니, 구급차가 달려오기는 할까? 어린 그로서는 답을 알 수가 없었다. 그러나 지금은 이런 무인지경이 더는 없지 않을까.

헤커는 영혼의 무인지경이 존재함을 몸소 깨달았다. 바로 그가 그 무인지경의 한복판에 서 있었다.

최근 그는 사무실 정리 작업을 시작했다. 두 개의 책장에서 낡은 책들을 꺼내 분류하고 다른 시절의 기록을 담은 각종 평전과 전기, 이를테면 1981년 녹색당 창립일을 다룬 기록과 베너, 알베르츠, 엠케의 전기들을 정리하며 그는 지난날의 회상에 잠겼다. 『제국 대통령 프리드리히 에베르트, 사회민주주의자이자 애국자』라는 제목의 전기도 보인다.* 헤커는 책들을 박스에 담아 사무실 문 앞에 세워두었다. 책이 담긴 박스를 문

앞에 세워두면 관심이 있는 누구나 가져가도 좋다는 것이 편집부의 전통이다. 그러나 그의 책을 가져가는 사람은 아무도 없었다. 하긴 요즘 누가 이런 이름들에 관심을 가질까? 이런 낡은 책들로 뭘 할 수 있겠어. 헤커는 쓴웃음을 지었다. 그는 이 책들이 자신과 비슷하다고 생각했다. 낡아서 쓸모를 잃어버렸다. 그리고 이 책들은 과거의 것이다.

휴가 문제 역시 은퇴의 조짐으로 떠올랐다. 그의 언론사, 헤커는 여전히 자신의 언론사라고 말해도 좋은지 아리송했지만 어쨌거나 이 언론사 인사부는 헤커에게 아직 쓰지 않은 휴가가 열이틀 남아 있다고 통보해왔다. 되도록 빨리 휴가를 쓰지 않으면 무효가 되고 말 거라는 친절한 안내와 함께. 헤커는 이게 뭐지 하고 혼란에 빠졌다. 지금 휴가를 가라고? 이제 인생의 가장 긴 휴가를 앞두고 있잖은가. 남은 인생이 모두 휴가이지 않은가.

"아니요. 지워주세요."

헤커는 말했다. 휴가를 쓸 일은 없다. 휴가는 그의 인생에서

---

* 베너(Wehner)와 알베르츠(Albertz)와 엠케(Ehmke)는 동명이인이 워낙 많아서 정확히 누구를 지칭하는 것인지 알 수 없다. 다만 이 이름들은 사회민주주의의 선봉에 섰던 정치가라는 공통점을 가진다. 프리드리히 에베르트(Friedrich Ebert, 1871~1925)는 바이마르공화국의 초대 대통령을 지낸 인물이다. 『제국 대통령 프리드리히 에베르트, 사회민주주의자이자 애국자(Reichspräsident Friedrich Ebert. Sozialdemokrat und Patriot)』는 베르너 마저(Werner Maser)라는 전기 작가가 쓴 책으로 1989년에 출간된 것이다.

더는 중요한 것이 아니다. 휴가는 이제 끝났다. 진정한 휴가는 일을 할 때나 누리는 것이다.

아마도 프란치스카가 일주일 동안 여행을 떠난 탓에 더 기분이 좋지 않은 모양이다. 아내는 가장 친한 친구와 함께 프랑스 남부로 갔다. 거기서 자전거를 타고 일주하는 여행이었다. 매년 같은 시기에 그녀는 이 여행을 간다. 헤커는 지금처럼 아내가 그리운 적이 없었다. 집에 홀로 버려진 느낌에 도저히 자신을 추스를 수가 없었다. 친구들에게 전화를 걸어 저녁에 뭔가 일을 꾸밀까. 그러나 그는 우울한 기분을 떨칠 수 없었다. 사무실은 물론이고 집에서도 자신의 자리는 없는 것 같아 허전하고 괴로웠다. 자신이 가여워 그는 고개만 절레절레 저었다.

혹시 이런 것이 앞으로 맞이할 시간의 전조일까? 프란치스카는 사무실 책상에 앉아 일하고 자신은 집에서 외로움이나 곱씹는 나날들. 모두가 각자의 일터에서 바삐 일하는데 나만 빈둥대며 이런 쓸데없는 감상에 젖는 게 아닐까 싶어 헤커는 속이 상했다. 그는 자신의 동년배, 이제 얼마 지나지 않아 은퇴할 동년배를 거의 알지 못한다. 그렇지만 설혹 알더라도 만나고 싶은 생각은 없었다. 몇 달 전 예전 동료들과 함께 보냈던 저녁 시간의 불편함은 여전히 그의 안에 깊게 도사리고 있었다. 헤커는 그때의 대화를 되풀이하고 싶은 생각이 없었다.

다행히 지금의 친구나 지인 대다수가 자신보다 젊다는 것,

대개는 훨씬 더 젊다는 사실이 아주 소중하게 느껴졌다. 헤커는 이런 사실이 자신의 젊음을 보여주는 증거라고 여겨왔다. 40대, 심지어 30대의 지인들이 그와 만나는 것을 즐기고, 함께 외출하는 것을 어색해하지 않는 모습을 보며 슬그머니 자부심도 가졌다. 하지만 바로 그래서 노년을 보는 자신의 현실감각이 무뎌진 것은 아닐까 하고 헤커는 생각했다. 혹시 그래서 젊음을 확인받으려고 의도적으로 어린 사람들만 만나온 건 아닐까? 내 실제 나이를 부정하려고? 생각이 여기까지 미치자 그는 머쓱해졌다.

앞으로 맞이할 시간의 전조. 헤커는 음울한 기분을 떨칠 수 없었다. 퇴근해 돌아와 홀로 맞는 저녁 시간 때문에 음울한 것만은 아니었다. 앞으로 맞이할 나날도 이런 식이라면? 그는 그런 앞날을 상상조차 하기 싫었다. 뭔가 할 일을 찾아내야만 한다. 그저 시간을 죽이는 일이 아니라 의미를 빚어주는 일을. 그러나 여전히 뭘 해야 좋을지 아무 생각도 나지 않았다.

최근 헤커는 길에서 우연히 카린과 마주쳤다. 그녀는 학창 시절부터 알고 지낸 오랜 지인이다. 심지어 대학을 다니던 2년 동안에는 같은 주거공동체Wohngemeinschaft*에서 함께 지내기

---

* 대학생들이 부족한 거처를 해결하기 위해 쓰는 방법으로 몇 명이 집을 통째로 세내 임대료를 나누고 각자 방 하나씩 쓰는 형태다. 베를린, 뮌헨, 함부르크, 쾰른 등 주거난이 심한 지역에서 주로 활용되는 방안이다.

도 했다. 그러다 연락이 끊겼는데 나중에 그녀도 베를린으로 이사 왔다. 그래서 이따금 그녀를 만났다. 자주는 아니고 반년에 한 번쯤. 이런 만남만으로도 두 사람은 서로 어떻게 지내는지 소식을 알기에는 충분했다. 어쨌거나 헤커는 카린이 얼마 전 직업 활동을 그만둔 것을 알고 있었다. 영어와 프랑스어를 가르치는 교사였던 그녀는 조기퇴직을 택했다. 그녀는 아주 기꺼이 이런 결정을 내렸다고 말했다.

헤커는 거리에서 우연히 그녀를 만나 기뻤다. 카린도 반가워했다. 두 사람은 곧바로 길모퉁이의 카페로 가서 그간 지낸 이야기를 나누었다. 카린은 마침 자기가 시간이 있는 것을 다행으로 알라고 말했다. 보통은 하루가 약속과 일정으로 빡빡하다며 오늘은 보기 드문 예외라고 했다. 은퇴를 하고 나서 더 바빠졌다나.

카린은 곧장 자신의 주간 일정을 털어놓았다. 일단 잠은 원하는 만큼 푹 잔다고 했다. 교사 시절에는 늘 수면 부족으로 괴로웠다며 매일 아침 여섯 시에 깨어나야만 했던 생활이 지옥 같았다고 말했다. 물론 헤커는 그녀가 종달새가 아니라 부엉이라는 사실을 알고 있었다. 카린은 아침잠을 푹 자는 지금의 생활이 너무나 만족스럽다고, 이젠 새벽에 자명종이 울릴 때마다 스트레스를 받지 않아도 된다며 활짝 웃었다. 그리고 더 좋은 건 아침 식사! 식사 준비를 하고 마치기까지 두 시간 정도 이어지는 아침 식사가 정말 환상적이라고 했다. 그녀는 아침을 먹으며 신문을 첫 장부터 끝 장까지 읽는다며 자랑했다.

"나는 요즘 그 어느 때보다 정보에 밝아!"

헤커는 귀가 솔깃했다. 그의 아침 식사는 늘 요란했다. 재빨리 한 잔의 차를 마시고 빵을 우물거리며 신문을 슥 훑고는 출근하기 바쁜 것이 그의 아침 일과였다. 그에 비하면 카린의 아침은 여유가 넘칠 뿐만 아니라 충만한 삶을 위한 활력의 충전 시간이다.

또 카린은 일주일에 세 번 피트니스 센터에서 운동을 하며 두 번은 요가를 한다고 자랑했다. 월요일은 친구와 함께 영화를 보는 날이며 여덟 명의 지인과 독서 모임도 하고 있다고 했다. 지금은 『오직 용기만』이라는 질비아 보벤셴*의 신작을 읽고 있는데 보벤셴은 노년을 두고 정말이지 영리한 글을 썼다고 그녀는 평가했다. 이런 좋은 책을 읽는 것은 드문 일이며 대개는 허튼 소리나 늘어놓는 책이 걸려 속상하다고도 했다.

"예를 들면 필립 로스**는 말이야."

그녀는 본격적으로 흥분하기 시작했다.

---

* 질비아 보벤셴(Silvia Bovenschen, 1946~2017)은 독일 작가이자 에세이스트로 페미니즘 문학에 정통한 작가다. 『오직 용기만(Nur Mut)』은 2013년에 발표한 소설이다.

** 필립 로스(Philip Roth, 1933~2018)는 미국의 소설가다. 폴란드계 유대인으로 유대인의 풍속을 묘사한 작품을 많이 썼다.

"몇 년 전 로스의 책을 읽었는데 거기 이런 대목이 나와. '노년은 투쟁이 아니다. 노년은 학살이다.' 세상에. 무슨 그런 헛소리가 있어."

카린은 화난 표정을 지었다. 자신은 그와 정반대의 경험을 했고, 늙었지만 지금처럼 느낌이 좋았던 때는 없었다고 했다. 예전에 자신을 힘들게 했던 일은 이제 모두 떨쳐버렸고 모든 일이 그녀에게 유리한 쪽으로 바뀌었다. 무엇보다도 자기 자신에게 만족하며 마침내 자신이 원하는 일을 할 수 있어 인생의 목표를 이룬 것 같다고 그녀는 말했다. 명령을 일삼는 교장도, 인생의 박자를 정해주던 학교 종소리도 이제는 없다. 간섭하는 부모도, 존경심이라고는 모르는 버르장머리 없는 학생도, 까다롭게 굴어 어렵기만 한 동료도 신경 쓸 일이 없다. 이 모든 걸 뒤로 흘려보낼 수 있어 참 좋다고 그녀는 말했다.

"이제는 내가 모든 걸 결정하거든. 누구도 간섭하지 않아. 인생이 이보다 더 좋을 순 없어. 위대한 자유지."

카린은 물론 외로움도 느낀다고 했다. 그녀는 평생 결혼을 하지 않고 홀로 지냈기에 자녀도 손주도 없다. 그렇지만 후회하지 않는다. 오히려 늙은 남편이 거실에 우두커니 앉아 있으면 속이 터질 거라며, 마치 그런 상상조차 털어내려는 듯 그녀는 머리를 세차게 흔들었다. 그녀의 이 자유를 제한하는 유일한 존재는 '레니'다. 레니는 카린이 몇 년 전 입양한 검은 래브라도 리트리버로 그녀의 가장 좋은 친구이기는 하지만 돌봐줘야 한다는 의무감 탓에 솔직히 부담스럽다고 했다.

"그 외에 다른 문제는 전혀 없어. 노년이 학살이라니? 무슨 소리야. 노년은 천국이야. 헤커, 너도 곧 알게 될 거야."

"그래, 알게 되겠지."

"은퇴까지 얼마나 남은 거야?"

"28일."

헤커가 답했다. 그러자 카린은 반색을 하며 합창단에 들어올 생각이 없느냐고 물었다. 얼마 전 들어갔다면서, 매주 수요일 저녁 여섯 시에 연습한다고 했다. 카린은 헤커가 참 아름다운 성대를 가졌다면서 주거공동체 시절 저녁 시간에 기타 반주에 맞춰 그가 부르던 노래가 기억난다고 했다.

"내 기억이 틀리지 않다면 무슨 이탈리아 노래였는데…."

"맞아. 노동자 계급의 혁명가였어."

빙긋이 웃으며 답하는 헤커의 목소리가 어딘지 모르게 씁쓸하게 울렸다.

어쨌거나 헤커는 합창단이라는 말에 귀가 솔깃했다. 비슷한 연배의 회원들로 구성된 합창단이라면 분위기가 좋을 테고, 무엇보다 독창이 아니라 합창이니 스트레스 받을 일도 없다. 헤커는 합창단이 자신에게 맞을 것 같다고 생각했다.

"음."

그는 회심의 미소를 지었다. 카린은 그가 흥미로워할 일이 하나 더 있다고 했다. 지금 정치적 활동을 하나 하는데 그도 분명 관심을 가질 거라면서. 카페 위쪽, 길모퉁이를 돌면 나오는 곳에 거대한 복합건물이 지어질 예정인데 그곳에 있는 아주 늠름한 고목인 은단풍나무가 베어질 위기에 처했다고 카린은 말했다.

"우리가 그걸 막아야 해."

그녀의 말에 따르면 이미 뜻을 같이하는 사람들이 모여 건설부지 맞은편에서 매일 '고목을 죽이지 말라!'고 쓴 피켓을 들고 시위를 벌이고 있었다. 관할 관청에 항의 서한을 보냈으며 곧 나무를 구출할 수도 있을 거라고 했다. 이 활동은 시간을 꽤 들여야 하지만 정말 오랜만에 의미 있는 일을 해서 보람이 있다고 그녀는 말했다.

"살아 있다는 걸 확인해주는 일이랄까. 헤커, 어때?"

그녀는 헤커가 꼭 참여해야 한다고 하면서 사회에 뭔가 변화를 일으키기 위해서는 작은 일부터 시작해야 한다고, 그는 정치에 관심이 있지 않았느냐고 했다. 지금 항의 시위에는 오로지 여성만 참여하고 있고 남성도 한 사람 있어주면 더욱 좋겠다며.

헤커는 일단 아무 말도 하지 않고 듣기만 했다. 그러나 카린은 그의 침묵이 길어지는 것을 눈치채지 못하고 계속해서 이야기했다. 평소 그리 말수가 많지 않았던 그녀였지만 이날은 마치 샴페인 병이라도 딴 것처럼 말의 축포를 쏘아대며 앞으로의 계획과 목표와 프로젝트를 숨 가쁘게 주워섬겼다.

"지금은 '열을 쓰지 않는 주방'이라는 요리 강좌를 듣고 있어. 그리고 일주일에 몇 차례씩 영어 보충수업을 지도하고 있지. 그래, 나는 지금도 선생이야. 하지만 지금은 모든 걸 내가 결정해. 그게 다른 점이야."

주말이면 교외로 소풍도 다닌다고 했다.

"베를린 주변은 정말이지 그 많은 호수만으로도 참 대단한 풍경이지. 얼마 전에는 포츠담과 가까운 곳에서 자크로브 호수Sacrower See를 발견했지 뭐야. 꿈에 그리던 호수였어."

카린의 눈에 황홀한 빛이 떠올랐다. 헤커는 오래전에 알았던 호수였지만 아무 말도 하지 않았다. 그러다 불쑥 이렇게 말했다.

"그래, 지금 인생은 행복해?"

"그게 지금 무슨 질문이야? 안에서부터 우러나오는 이 행복이 안 보여?"

카린은 눈을 동그랗게 뜨고 반문했다.

"그거야, 그렇지."

헤커가 답했다. 돌연 카린은 자리에서 일어나 이제 가야 한다고 말했다. 병문안을 가던 길이었다며 빨리 가봐야 한다고 했다. 옛 친구가 폐암으로 입원해 있는데 그동안 병문안을 가지 못했다고 그녀는 눈물을 글썽이며 말했다. 늙음은 겁쟁이가 감당할 수 있는 게 아니라며.

"그래, 어서 가봐."

헤커는 커피 값은 자신이 내겠다며 카린을 배웅했다. 그녀가 사라지고 나서 그는 커피를 한 잔 더 주문했다. '할 수만 있다면 당연히 그러고 싶지.' 일정을 빼곡히 잡고 이벤트를 찾아다니는 것으로 공허함을 채울 수 있다면 자신도 그러고 싶다고 그는 한숨을 쉬었다. 그러나 결국 공허함은 눈사태처럼 인생을 덮칠 것이다. '다른 사람들이 그렇게 할 수 있다고 해도 나는 그럴 수가 없어.' 헤커는 정말로 그렇게 살기를 원하는지 자신에게 다시 한 번 물어봤다.

또 헤커는 카린에게 무례하게 굴었다며 반성했다. 물론 카린이 새로운 인생에 그다지 만족하지 않는다는 것은 짐작하고도 남았다. 정말 그렇게 좋았다면 평소 성격에 그렇게 수다를 떨 그녀가 아니다. 하지만 어쨌거나 그녀는 적응했다. 말하자면 일종의 활동 치료를 처방받아 자신이 늙어가는 것을 곱씹지 않으려고 안간힘을 쓰고 있었다. 그런 태도를 두고 잘못되었다거나 우스꽝스럽다고 여기는 건 물론 어디까지나 개인의 자유다. 하지만 분명한 건 아픔보다는 일종의 마취 상태가 더 나을 수도 있다는 점이다.

주말이 되었다. 자전거를 타느라 구릿빛으로 잔뜩 그을린 팔 뚝과 밝은 표정을 하고서 프란치스카가 돌아왔다. 헤커는 그녀 에게 앞으로 요가도 하고 독서 모임에 나갈 거라고, 합창단에 들어가 노래를 부르고 시위도 할 예정이라고 말했다.

"그럼, 어서 해."

프란치스카가 말했다.

마지막 출근

떠나는 자에게나 남은 자에게나
작별의 의식은 필요하다

"이제는 실직자야."
헤커가 말했다. 그러자 프란치스카가 대답했다.
"뭐, 별로 나쁘지 않아.
당신은 그저 일자리만 내려놓았을 뿐이야."

헤커는 집에서 책상 앞에 앉아 30분을 고민했지만 첫 문장조차 끝낼 수 없었다. 모레면 드디어 마지막 근무 날이다. 마지막 근무 날이라니, 이게 무슨 말인가. 헤커는 계산을 해봤다. 그는 40년 동안 일했다. 그중 주말과 휴가를 빼면 사무실에 앉아 있었던 날만 1만여 일이다. 병으로 결근한 날을 제외한다면 더 줄어들기는 하리라. 그러나 그는 병으로 결근한 날이 거의 없다. 연골 열상, 허리 통증, 살굴 탈장, 이따금 가벼운 감기 따위로 결근한 날을 합쳐봐야 며칠 되지 않는다. 어쨌거나 40년이라는 장거리 구간에 비하면 병가는 미미하다. 헤커는 건강한 사람이었다.

내일과 모레, 이제 그가 헤아릴 날은 손가락 두 개밖에 남지 않았다. 헤커는 무얼 해야 할지 알았다. 흔히 치르는 조촐한 작별 파티는 그냥 넘어갈 수 없다. 은퇴하는 사람은 다들 그렇게 하니까. 그는 작별 파티를 하며 은퇴하는 동료를 숱하게 봐왔다. 그래서 미리 구내식당에 말해두었다. 아담한 뷔페와 맥주, 와인, 오렌지주스, 물이면 충분하다. 헤커는 되도록 조촐하게 치르고 싶었다. 흥청망청 먹고 마시는 파티는 싫다. 그렇게까지 축하할 일은 아니지 않은가.

처음에 헤커는 아예 파티를 하지 않을까도 생각했다. 어차피 목구멍에 뭐가 걸린 사람처럼 서성댈 바에야 그냥 넘어가는 것도 괜찮지 않을까? 편집장의 연설을 듣고, 마이크를 받아 몇 마디 하고서 사람들과 악수를 하고 때늦은 칭찬을 듣는 일은 생각만 해도 낯간지러웠다. 자네처럼 대체 불가능한 인물을 어찌 포기해야 할지. 곧 다시 보세. 자네가 그리울 거야. 급한 일이 생기면 전화할 테니 빨리 와서 도와주게. 하나 마나 한 이런 이야기를 그는 듣고 싶지 않았다. 의례적인 거짓말은 내가 나한테 해줘도 되는데. 헤커는 쓴웃음을 지었다.

그러던 어느 날 뮌헨에 사는 옛 친구와 통화를 했다. 뮌헨은 헤커가 성장한 고향 도시다. 그 친구는 두 달 전에 은퇴했다.

"파티를 해."

친구가 말했다. 그게 좋을 거라고, 자신의 상황도 비슷했다고 친구는 말했다. 처음에는 그 역시 파티를 하고 싶지 않았다고 했다. 마지막 날은 가는 사람에게만 의미 있는 사건일 뿐이다. 남는 사람에게 그날은, 솔직히 말해서 아무 의미가 없다. 그러나 친구는 남는 사람들에게도 의식이 중요하다는 것을 깨달았다고 했다. 매듭, 추억, 새롭게 회복할 바탕이 되어주는 것이 인간 사회의 의식이라고 그는 강조했다. 다음 날 다시 일과 씨름하기 전에 단조로운 일상으로부터 잠시 벗어나 거리를 두고 바라보는 일은 꼭 필요하다고 했다.

"그랬어? 하지만 다음 날은 어차피 없어. 일과 씨름할 다음 날은 이제 오지 않는다고."

헤커가 전화기에 대고 말했다.

"그렇지만 의식은 '우리'라는 감정을 선물해. 우리라는 감정. 너는 그게 필요하다고."

"나한테 필요한 건 없어. 우리라니, 그런 게 왜 필요해. 우리는 더는 없어. 이제부터 나는 혼자라고."

"하지만 너는 오랜 세월 동안 그들과 함께해왔잖아. 그들은 네 인생의 한 부분이야. 그들이 바로 너라고. 그냥 간단하게 우리에서 너를 빼낼 수는 없어."

친구는 작별 의식은 다른 사람들에게도 중요하다고 했다.

"왔다가 가는 것, 시작하고 끝내는 것은 우리 인생에서 늘 되풀이되는 과정이야. 인생에는 공동체를 확인할 의식이 필요해. 의식은 과도기를 쉽게 넘어설 수 있게 해주니까."

"상당히 종교적으로 들리는 이야기군."

투덜대기는 했지만 헤커 역시 의식의 필요성을 확신했다. 특히 친구의 마지막 말이 마음에 들었다. 나 자신이 아니라 동료들을 위해서라는 말.

친구는 '끝낸다'라고 말했다. 흥미로운 말이라고 헤커는 책상 앞에서 되새겼다. 이 말을 고별사에 써야겠다고 그는 컴퓨터 모니터의 텅 빈 원고를 보며 중얼거렸다. 끝내는 것은 파업과는 다르다. '노동자들이 끝맺음에 들어섰다.' 끝맺음은 일을 내려놓음이다. 은퇴 역시 일을 내려놓는 것이다. 헤커는 '일을 내려놓는다'는 표현이 기묘하다는 생각을 했다. '내려놓다'의 반대말이 무엇일까? 물론 '높이 들다'가 그 반대말이다. '맞아, 나는 지금 일을 내려놓는 거야. 40년 동안 나는 이 일을 높이 들어왔어. 이제 나는 일을 내려놓고, 끝맺음으로 들어가고 있어.'

그러자 고별사를 쓰는 데 필요한 몇 가지 생각이 정리되었다. 그는 빠른 속도로 타이핑을 해나갔다. 편집자 시절의 몇몇 재미있는 일화를 밝히고 감사의 말을 쓰면서 되도록 밝은 분위기를 유지하려 노력했다. 나쁠 게 없지 않은가. 노년의 지혜를 한껏 뽐내기라도 하듯 동료들에게 뭔가 가르침을 주겠다며 으스대는 은퇴자의 모습은 익히 봐왔다. 그러나 실제로 그 자리에 있는 동료들은 어서 공식 행사가 끝나고 뷔페가 시작되기만 기다릴 뿐이다. 예전에 있었던 은퇴식에서 헤커 자신이 그런 심정이었으니까.

헤커는 고별사 원고에 몹시 만족했다. 무엇보다도 가장 좋은 점은 짧다는 것이다. '남은 이틀 동안은 뭘 할까?' 지난 몇 주 동안 그는 거듭 자신에게 이렇게 물었다. 뭔가 새로운 일을 시작한다는 것은 무의미하다. 그리고 오래전부터 그를 사로잡고 좀체 비켜설 줄 모르는 느낌, 모든 것을 뒤덮은 곰팡이처럼 눅눅하고 칙칙한 느낌은 정말이지 불쾌했다. 마침내 자리를 잃는다는 느낌, 이제 자신은 쓸모를 잃었다는 느낌이다. 후임에게 인수인계도 해줄 수 없다. 후임자가 없기 때문이다. 회사는 빈자리를 다시 채우지 않기로, 어쨌거나 잠정적으로는 채우지 않기로 결정했다. 유감스럽기는 했지만 회사의 그런 처사가 이해는 되었다. 출판업계는 지난 몇 년 동안 나아질 기미를 보이지 않았다. 판매 부수는 갈수록 줄어들었고 광고 수입도 변변치 않다. 이 업계는 미래가 보이지 않는다.

마지막 이틀은 이상하게 바쁘기만 했다. 헤커는 짐작과 전혀 다른 상황에 적잖이 당황했다. 무엇보다도 청소라는 게 만만치 않은 작업이었다. 이미 몇 주 전부터 헤커는 이삿짐 박스로 열심히 책장의 책을 실어 날랐음에도 여전히 치울 게 태산이었다. 박스들은 프란치스카와 함께 쓰는 작업실을 빼곡하게 채웠고, 그의 책장은 책들로 넘쳐나 더 정리할 방법이 없었다. 돌연 헤커는 한 줄기 빛을 보는 느낌을 받았다. 이게 은퇴 생활에서 첫 번째 할 일이구나. 책들을 정리하고, 필요 없는 것은 중고 책방에 가져다 팔고, 팔리지 않는 것은 폐지 처리장에 가져가야 한다.

그러나 먼저 헤커는 프란치스카와 한 약속을 지켜야 했다. 바로 휴가 여행이었다. 그것도 장장 4주 동안. 직장 생활을 하는 동안에는 절대 가능하지 않았던 휴가 여행을 부부는 실행에 옮기기로 했다. 목적지는 사르데냐다. 이탈리아를 좋아하는 헤커는 예전에도 몇 차례 이 섬을 찾은 적이 있어 산과 해변은 물론이고 몇몇 맛집도 잘 알았다. 부부는 동쪽 해변에 있는 휴가용 별장을 세냈다. 깎아지른 듯 바다와 맞닿은 붉은 석영 절벽이 야생 그대로의 풍광을 간직한 곳이다. 말이 별장이지 비싼 호텔이 아니라서 민박이나 다름없다. 당연하다. 이제 나는 은퇴자 헤커니까.

아무튼 4주간 휴가를 보내고 난 뒤에는 작업실의 책 더미를 정리해야 한다. 그런데 작업실이라, 이게 맞는 말인가? 일하지 않는 사람이 무슨 작업실? 돌연 헤커는 이런 물음을 떠올렸다. 음, 기사 몇 편은 써야 하니까. 그는 애써 스스로 위로했다.

사무실에서 그는 놀란 입을 다물 수가 없었다. 뭐가 이리도 치울 게 많을까. 책장을 비우는 일은 아무것도 아니었다. 정작 놀라운 일은 책상 서랍 정리였다. 서랍마다 물건으로 꽉 차 있는 건 별 문제가 되지 않았다. 낡은 일정표, 편지, 원고, 사진, 비디오테이프 따위가 쏟아져 나왔다. 모두 오래전에 잊고 있던 것이다. 언제였는지 기억조차 나지 않는 기록, 옛날 컴퓨터 디스켓, 기억도 나지 않는 스캔들 기록은 헤커가 살아온 저널리스트로서의 인생을 고스란히 보여주었다. 그냥 모두 두 손으로 그러모아 가져온 쓰레기봉투에 집어넣으면 간단하게 끝날 것 같았다. 그러나 그럴 수가 없었다. 모두 헤커의 기억을 담은 물건들이기 때문이다. 헤커가 만났던 정치가, 헤커가 교정을 봐준 원고의 필자, 헤커가 찾아갔던 장소 등이 손이 닿는 물건마다 고스란히 떠올랐다.

정리는 끝날 줄을 몰랐다. 발견하는 쪽지와 종이마다 손에 들고 읽으며 헤커는 떠오르는 옛 생각에 젖었다. 심지어 해가 지난 탁상용 캘린더까지 살폈다. 혹시 필요할지 몰라 보관해두었던 물건들은 뭐가 뭔지 아리송한 게 있는가 하면, 생생한 회상을 불러일으키기도 했다. 그는 바닥에 그대로 주저앉아 일일이 기록들을 살폈다. 다른 사무실들은 차례로 불이 꺼졌지만 그는 옛것에 느끼는 애환과 호기심에 사로잡혀 결국 모든 걸 버릴 수는 없다고 결심했다. 어쨌거나 지금은 도저히 버릴 수 없다.

헤커는 쓰레기봉투 두 개를 펼쳐놓고 분리수거에 나섰다. 첫 번째 봉투에는 사소한 흔적만 남은 물건들을, 두 번째 봉투에는 포기할 수 없는 것들을 담았다. 두 번째 봉투는 말하자면 귀중품 보관용이다. 기억으로 남은 인생이구나. 헤커는 몇 달 전 옛 동료들과의 파티에서 그게 뭔지 경험했다. 현재를 살지 못하고 과거에 매달리는 인생. 드디어 이 인생이 헤커의 몫이 되었다.

헤커는 두 번째 쓰레기봉투, 곧 귀중품을 담은 쓰레기봉투를 다음 날 집으로 가져가 작업실의 책 박스 옆에 놓아둘 생각이었다. 휴가 여행을 다녀온 뒤 정말 소장해야만 하는 귀중품인지 낱낱이 확인할 계획이다. 약속할게, 프란치스카! 아내는 이미 한 시간 전에 전화를 걸어 대체 거기서 뭐하느냐고, 걱정이 되어 전화했다고 말했다.

"아무 일 없어. 다만 지금 난 과거에 있어."

헤커는 대답했다. 자신의 과거 속에 파묻힌 남자.

자정쯤 되어서야 헤커는 사무실에서 나와 자전거를 탔다. 9월을 이틀 남겨둔 날, 밤공기는 놀라울 정도로 따뜻했다. 집까지는 멀지 않았다. 자전거로 15분이면 충분한 거리다. 그러나 오늘 헤커는 초가을의 밤을 그냥 계속 달렸다. 드디어 인생의 가을인가. 그는 상념에 젖었다. 그리고 왠지 이런 상념이 부담스럽지 않았다. 지금 머릿속에서 인생의 여름을, 기억이 만개한 여름을 그리고 있기 때문이다. 나는 가을을 맞이할 수 없는 인간인 걸까.

다음 날, 진짜 마지막 날에도 헤커는 여전히 기억과 씨름했다. 서랍 정리는 도무지 끝날 줄을 몰랐다. 점심때가 되어 쓰레기봉투가 꽉 차자 그는 책상 위에 남은 것들, 몇 자루의 펜, 지난달 취재 자료 철, 특히 주소록 카드 박스를 챙겼다. 다른 사람들은 이미 오래전에 주소록을 휴대폰에 저장했다. 그러나 주소록에서만큼은 그는 확실히 구식이었다.

주소록 카드 박스는 그냥 상자가 아니라 보물 상자다. 헤커는 기자로 일한 모든 세월의 흔적을 그 안에 모아두었다. 정치가들의 전화번호 또는 개인 휴대전화 번호, 아르메니아나 자이르 등 외국 필자들의 주소, 심지어 니카라과 반군 장군의 진짜 오래된 전화번호까지 있었다. 거칠었던 시절의 기록이다. 이 주소록 카드 박스는 헤커에게 가장 중요한 작업 도구 중 하나다. 그런데 갑자기 이 박스가 아무 가치가 없다고? 언젠가는 후배 기자에게 선물해줘야지. 헤커는 박스를 테이프로 둘둘 감아 귀중품 쓰레기봉투에 넣었다.

벌써 오후 한 시다. 점심 먹을 시간이다. 헤커는 매일 그러던 것처럼 디자이너들의 사무실로 가서 물었다.

"배 안 고파? 구내식당으로 가지? 마지막이야."

헤커는 이렇게 말해놓고 스스로 깜짝 놀랐다. 마지막이라는 말을 대체 오늘 몇 번 한 거야? 마지막으로 책상 앞에 앉다, 마지막으로 커피머신을 썼다, 마지막으로 구내식당에서 점심을 먹으러 간다… 이 마지막 다음으로 오는 날에는 어떻게 해야 좋을지 헤커는 아무 생각이 없었다. 이제 점심은 집에서 요리해서 먹어야 하나? 너무 번거롭다. 레스토랑에 갈까? 너무 비싸다. 그는 왜 이제야 이런 물음이 떠올랐는지 의아했다. 다른 사람들은 아마도 벌써 몇 달 전부터 이런 문제를 살피고 해결 방안을 찾아놓았으리라. 왜 나는 항상 눈앞에 닥쳐야만 허둥지둥 행동할까. 헤커는 한숨을 쉬었다. 아무튼 예비하고 계획하는 건 그의 성격이 아니다. 인생 계획? 그런 건 없다. 그냥 뭉개라고, 헤커! 아마도 그는 집에서 점심이면 혼자 빵에 잼을 발라 먹으리라. 이 무슨 처량한 신세인가.

오후에 헤커는 편집부를 한 바퀴 돌며 특히 교류가 많았던 동료들과 인사를 나누었다. 가깝게 지냈던 동료들이 적지 않다. 커피가 나오고 작별을 위한 대화가 이어졌다. 헤커는 그들이 하는 말을 귀담아듣지 않았고 뭔가 이야기하는 시늉만 했다. 그러면서 다시금 지난 몇 주 동안 자신을 사로잡았던 기묘한 느낌, 마치 자신을 깨질 물건 다루듯 솜으로 감싸는 느낌에 사로잡혔다. 다만 오늘 이 솜은 그 어느 때와 비교도 할 수 없을 정도로 두껍다.

휴대폰 벨 소리가 울렸다. 죄송하지만 빨리 3층으로 와줄 수 있느냐고 외신부의 동료가 물었다. 이 동료는 아무리 많이 봐도 30대 중반을 넘기지 않았을 젊은 여성이다. 입사한 지 얼마

되지 않은 신입이라 헤커는 그녀를 잘 몰랐다. 그녀는 문제가 생겼다며 도와줄 수 있는지 물었다.

"물론이죠. 곧 갈게요."

그녀는 위기에 빠진 이탈리아 정부를 다룬 외신 기사를 작업하고 있었다. 이탈리아는 헤커의 전문 분야라는 이야기를 들었다고, 텍스트를 한번 훑어봐주고 틀린 것이 없는지 바로잡아줬으면 좋겠다고 말했다. 그리고 아직 쓸 만한 기사 제목이 떠오르지 않는다면서 헤커가 제목 짓기의 명수라는 평판을 익히 들었다며 좋은 아이디어를 부탁한다고 했다.

헤커는 젊은 동료의 칭찬에 기분이 좋았다. 그는 기사를 읽고 짤막한 촌평을 하고는 제목 후보도 몇 개 제안했다. 자신의 쓸모를 인정받은 것 같아 우쭐했다. '그럼 그렇지. 나는 고물이 아니라고.'

그러나 곧 그는 혹시 동료들이 작당해서 자신을 깜짝 놀라게 해주려는 건 아닐까 의심이 들었다. 헤커가 대체 불가능한 인물이라며 치켜세우고는 우쭐대는 그를 보며 낄낄거리는 것은 아닐까. 하지만 이 생각은 곧장 털어버렸다. 누군가의 자문을 구하는 건 편집부의 일상이 아닌가. 직접 해결하지 못하는 문제는 해당 분야를 잘 아는 동료에게 물어 해결해야 한다. 젊은이가 늙은이에게 물어보는 건 다른 직업에서도 마찬가지리라. 이런 질문에 늙은이는 묘안으로 화답한다. 헤커는 기분이 좋은 것을 부정할 수 없었다. 깨질 물건 다루듯 자신을 감싼 솜이 약간 풀리는 느낌, 신선한 해방감이 들었다.

'나는 정말 구제불능이야. 누가 조금만 칭찬해줘도 이렇게 우쭐해한다니까.'

어려서 학교를 다닐 때도 선생님의 칭찬 한마디에 얼마나 열심히 했던가. 그러나 이 칭찬이라는 것이 얼마나 허망한지, 의례적인 사탕발림이 얼마나 의미가 없는지 헤커는 충분히 경험했다. 얼마나 허약한 성격이기에 다른 사람의 칭찬에 이다지도 목을 맬까. 그는 이런 심리가 어린 시절의 경험 탓에 생겨났다고 생각했다. 칭찬에 목말라 하는 태도는 학교에서 이미 시작되었다. 그는 좋은 성적이 중요하다고 여겼으며 그래서 열심히 공부했다. 그리고 이런 열의의 원동력은 다른 사람에게 받는 인정이다. 선생님에게, 같은 반 친구들에게, 부모에게 받는 인정은 언제나 기분이 좋았다.

어린 시절의 헤커에겐 특히 부모의 인정이 중요했다. 그의 부모는 엄격한 분들이었다. 헤커가 성적이 잘 안 나오거나 잘못을 저지르면 엄한 벌을 내리곤 했다. 헤커는 아버지가 늘 인용하던 말을 지금도 선명하게 기억한다. 아버지가 돌아가신 지도 이미 10년을 훌쩍 넘겼건만. 그는 아버지가 즐겨 인용하던 말이야말로 아버지의 성격을 고스란히 보여준다고 여겼다. "나는 잠을 자며 인생은 기쁨 그 자체라는 꿈을 꾼다. 잠에서 깨어나

보면 인생은 의무다. 나는 행동하면서 의무가 곧 기쁨임을 깨닫는다." 인도 철학자가 한 말이라고 했다. 아버지는 철학과는 별 상관이 없는 분이었다. 심지어 인도 철학을 알 리는 더더군다나 없었다. 어린 헤커는 늘 이 점이 의아했다.

그는 어른이 되어 이 말이 떠오를 때마다 실소를 머금곤 했다. 인생의 행복을 오로지 율법과 죄책감 그리고 의무에서 찾는 이런 윤리에 그는 거부감을 품었다. 그러나 의무를 중시하는 태도가 자기 안에 깊은 뿌리를 내렸음을 인정하지 않을 수 없었다. 주어진 일에 최선을 다하는 것은 그가 중시하는 인생의 원칙이다.

세상도 마찬가지가 아닐까. 인생 전체, 세계 전체가 이런 원칙을 중시한다. 학교는 특히 그렇다. 학생은 13년 동안 공부하고 시험을 치르며 중간 성적표, 기말 성적표 등으로 의무를 다했는지 끊임없이 점수를 받다가 아비투어*를 치른다. 아무튼 어린 시절은 끝없이 점수로 매겨진다. 그리고 인생의 시험과 요구는 갈수록 더 까다로워진다. 대학 학업, 시험, 리포트 작성, 석사학위 논문 따위로 계속 실력을 보여줘야만 앞날이 보장된다. 학교는 물론 인생 자체가 그렇다.

교육이 끝나고 난 뒤에도 이런 원칙은 달라지지 않는다. 실

---

* 아비투어(Abitur)는 독일 또는 핀란드에서 고등학교 과정을 마칠 때 보는 시험으로 대학 입학 자격 시험에 해당한다.

력이 있는 사람만이 직업을 얻으며, 직업에서 좋은 실적을 올리는 사람은 더 나은 직업을 얻고 높은 자리에 올라 더 많은 연봉을 받는다. 뭔가를 보여줄 수 있는 사람만이 뭔가를 누린다. 아마도 아버지는 이런 이치를 강조하고 싶었으리라.

그런데 지금 오늘부터 이런 원칙은 폐기된다. 돌연 그리고 일거에. 단두대의 칼에 맞은 것처럼 인생은 끝장이 난다. 평생 배워온 것이 더는 통하지 않는다. 한 사람의 품위, 출세, 경제적 윤택함은 이제 실력이 결정하지 않는다. 매달 계좌로 들어오는 연금도 실력과 맞물린 것이 아니다.

이제 내 인생 최대의 변혁기를 맞는구나. 헤커는 생각했다. 그는 이런 변화와 비견할 만한 것을 알지 못한다. 결혼, 첫 번째 결혼 생활, 아이들의 출생, 이혼, 두 번째 결혼은 그의 인생을 뒤흔든 중요한 사건들이다. 많은 경우 감당해낼 수 있을까 걱정했지만 그래도 모든 것이 헤커가 이미 아는, 친숙하게 다룰 수 있는 틀 안에서 이뤄졌다. 그러나 이제 자신이 익히 알던 원칙은 더는 통하지 않는다. 이런 식으로 끝나버렸다.

그는 늘 의무와 실력을 중시하는 원칙이 그의 생명을 보존해주는 원칙이라고 확신해왔다. 비록 힘들고 괴로워서 저주라도 하고 싶은 때가 많기는 했지만, 그래도 이 원칙 덕분에 앞을 바라보며 계속 나아갈 수 있었다. 그냥 되는 대로 살아가는 것을 막아준 것이 이 원칙이다. 일은 다람쥐 쳇바퀴 돌듯 단조로웠지만 그래도 인생이라는 바퀴가 앞을 향해 구를 수 있게 해 주었다.

일은 자신의 정체성이었다. 또래 여성들은 달랐다. 전통적인 역할, 아내와 엄마라는 역할에만 충실한 여성은 물론 직업 활동을 하는 여성들도 오로지 일에만 인생의 초점을 맞추지 않았다. 그녀들의 인생이 덜 힘들었다는 말이 아니다. 오히려 그 반대로 그녀들의 인생행로는 그가 보기에 정말 다층적이었다.

여성은 직업, 곧 일에만 자신의 관심을 제한하지 않으며 가족, 자녀, 우정 등 모든 것에 남성보다 훨씬 더 개방적이다. 헤커는 프란치스카에게서 그런 모습을 자주 관찰했다. 아내는 직업이 없는 인생을 결코 생각할 수 없다고 하지만 직업을 인생의 1순위로 여기지는 않았다. 직업이 그녀의 정체성 가운데 한 부분이기는 하지만 분명 전부는 아니다. 헤커는 바로 그런 점에서 아내가 부러웠다. 직업의 노예가 아닌 아내는 자신보다 훨씬 더 자유로워 보였다. 아마 프란치스카는 은퇴도 더 쉽게 받아들이리라. 그리고 그녀는 은퇴까지 아직 몇 년이 남았다.

헤커는 언제나 여성들을 약간 부러워했다. 물론 성별에 따른 직업 생활의 차이가 여성을 불평등하게 다룬 결과임을 알고 있었다. 남자는 집 바깥에서 자신의 성장을 위해 노력하는 반면, 여자는 집 안에서 살림을 하고 아이들을 돌보는 역할을 요구받는다. 그러나 이런 불평등으로 여성이 압박을 받는 것처럼 남성 역시 생업으로 가족을 부양해야 한다는 의무로 압박을 받는다. 생업에 몰두함으로써 남성의 인생은 평생 일하는 인생으로 여겨지고 그 때문에 일종의 포로 생활을 할 수밖에 없다. 늘 반복되는 단조로운 일상에 사로잡혀 늙어가는 남자는 자신의 자존감을 바로 이런 단조로움에서 이끌어내야 한다. 남자의 세상은 일하는 세상으로 좁아든다. 생활의 박자는 출퇴근 시간 기록기, 일의 시작과 휴식과 끝을 알리는 종소리로 정해진다.

그리고 남자는 다른 것을 알지 못하기 때문에, 달리 배운 것이 없기 때문에 일로부터의 해방, 곧 은퇴를 새로운 포로 생활로 받아들인다. 주어지기는 했으되 아무것도 시작할 수 없는 자유는 실적을 보여야만 하는 저 인생 원칙의 붕괴를 의미한다. 은퇴 생활에 접어들자마자 병에 걸리거나 사망하는 남자가 많은 것은 놀라운 일이 아니다. 일차원적인 인간, 그 이름은 남자다.

헤커는 학창 시절부터 알고 지냈던 카린이 그처럼 왕성한 활동을 하는 것이 어딘지 모르게 생경하게만 느껴졌다. 아마도 이런 느낌은 그녀를 오판한 탓에 생겨난 게 아닐까. 그녀는 은퇴라는 현실로부터 도피하려고 왕성한 활동을 하는 게 아니라 그만큼 자유를 만끽하고 있는 것이리라. '카린은 나보다 훨씬 더 많은 것에 관심을 가지고 있어. 나는 그저 직장에만 매달렸을 뿐이지. 그래서 카린은 자유로운 시간에 할 일이 많이 떠오른 거고, 나는 별로 없는 걸 거야.' 헤커는 한숨지었다.

직장 생활 형태의 노동, 헤커가 40년 동안 종사한 노동은 역사적으로 보면 비교적 최근에 생겨난 현상이다. 고대사회에서는 유유자적 한가롭게 거니는 사람이 가장 큰 존경을 받았다. 자유인은 무엇보다도 노동으로부터 자유로운 인간이었다. 사회적 신분은 노동 성과로 정해지지 않았다. 오히려 그 반대로 땀 흘려 이룩한 성과는 사회적 신분을 떨어뜨렸다.

아리스토텔레스는 이렇게 말했다. "노동과 덕목은 서로 배제하는 관계다." 이 말은 덕목은 단순히 먹고살기 위한 생업 같은 것에 신경 쓰지 않아도 되는 사람만이 쌓을 수 있다는 뜻이다. 고대사회에서 철학은 결국 수백만 명의 사람들을 노예로 만든 폭력적인 사회질서를 기반으로 번성할 수 있었다. 한가롭게 생각을 할 수 있으려면 다른 사람, 곧 노예가 생활에 필요한 일을 대신 해줘야 하기 때문이다. 그렇기에 노예에게 덕을 쌓으라고 해방시켜 주는 주인은 거의 없다. 이처럼 노동과 한가로움의 가치를 어떻게 평가하느냐는 언제나 해당 사회의 실상을 비추는 거울이다.

유대교와 기독교 전통은 노동을 양면적 태도로 바라봤다. 노동은 신이 죄를 지은 인간에게 내리는 저주와 처벌이라고 이해했다. 성경의 창세기에는 "네가 흙으로 돌아갈 때까지 얼굴에 땀을 흘려야 먹을 것을 먹으리니"라는 구절이 나온다.* 아담과 이브가 에덴동산에서 선악과를 먹고 낙원에서 추방당하며 이와 같은 신의 꾸지람을 들었다. 그러나 마태복음에서 예수는 이렇게 말했다. "공중의 새를 보라. 심지도 않고 거두지도 않고 창고에 모아들이지도 아니하되 너희 하늘 아버지께서 기르시나니."**

예수의 노동관은 아리스토텔레스의 그것과 크게 다르지 않다. 먹고살려 안간힘을 쓰지 않아도 신이 거두어줄 것이라는 뜻이다. 이런 상반된 기독교적 노동의 가치는 사도 바울에 이르러서야 비로소 확실하게 정립된다. "누구든지 일하기 싫어하거든 먹지도 말게 하라."***

이후 사람들은 노동과 자유가 서로 대립하는 게 아니며 하나라는 전체적인 관점에서 봐야 한다고 주장했다. 이런 합의의 핵심은 베네딕트회의 계율이 잘 정리해냈다. "오라 에트 라보라 Ora et labora!" 기도하고 일하라!

노동은 중세 말에서 근대 초에 걸쳐 그 핵심적 의미를 얻었다. 봉건적 사회질서에 대항해 도시와 시민계급이 생겨나고 '일하는 인간'이 새로운 가치로 부상했다. 이들의 노동에 기생하

---

* 창세기 3장 19절. 성경 번역은 개역개정판을 참조했다.
** 마태복음 6장 26절.
*** 데살로니가후서 3장 10절.

는 귀족계급에 대항해, 존엄과 부유함은 귀족의 혈통을 타고 나는 은총에서 나오는 게 아니라 일하는 손으로 직접 일궈야 한다는 새로운 이상이 정립되었다. 노동을 존귀한 것으로 보는 이런 관점은 초기 시민계급의 젊은 자신감을 뒷받침하는 기초였다. 시민계급은 각 분야에 걸쳐 조직 형태와 규칙을 갖춘 조합Zunft을 만들어냈다. 오늘날의 독일어에도 그대로 남은 '전문적zünftig'이라는 말은 기술을 환히 꿰는 시민계급의 가치를 반영한다.

게으른 귀족계급과 부지런한 시민계급 사이의 사회적 간극이 벌어질수록, 역사의 수평 저울 추가 시민 쪽으로 기울수록 그만큼 노동의 중요성은 더욱 커졌다. 계몽주의자들은 노동이야말로 시민사회의 결속을 다지는 기초이며 인간의 자아실현을 이루는 핵심이라고 강조했다. 그리고 자본주의의 출현과 기술 발달은 한가로움을 시간 낭비로 질타하며 노동을 본래적인 인생 의미로 삼는 프로테스탄트 윤리를 낳았다.

이마누엘 칸트는 이렇게 썼다. "우리가 열심히 일할수록, 그래서 살아 있다는 생동감을 맛볼수록 우리는 인생에 충실하려 노력한다. 일을 하지 않는 한가로움에 사로잡히면 인생이 그저 허망하게 지나갈 뿐만 아니라 생명력을 잃어버린 무력감에 빠지고 만다." 그러나 생업을 힘든 육체노동으로 해결해야 하는 사람들은 한가로움을 약간 다르게 생각하지 않았을까?

칸트야 자신의 손을 오로지 글을 쓰는 데 썼을 뿐이다.

노동은 인간의 권리가 되었다. 그리고 18세기에, 특히 19세기에 접어들면서 노동은 완전히 새로워진 면모를 자랑했다. 일자리가 생겨난 것이다. 산업화는 노동의 장소를 그때까지 이뤄지던 장소, 곧 집과 가족에서 공장, 수공업장, 광산, 더 나중에는 사무실로도 옮겨놓았다. 이런 분리로 말미암아 오늘날 우리가 아는 노동 일상이 생겨났다. 노동과 주거와 여가 시간은 서로 분리되었다. 오늘날에도 여전히 도시들은 이런 분할을 다양하게 담아낸다. 생산 지대, 공장 지역, 작업장, 사무실이 주로 들어서는 지역과 주거 지역 그리고 소비 시장이 나뉘었다. 근대의 노동사회는 이렇게 해서 탄생했다.

물론 이런 변화는 우리에게 익히 알려진 문제들을 낳았다. 고용주에게 의존적인 노동은 항상 착취 관계를 이루었지만, 이제 착취는 어디서나 흔히 보는 현상이다. 단축된 노동 시간과 더 나은 노동 조건을 쟁취하려는 노동운동은 초기의 잔혹한 맨체스터 자본주의를 점차 사회국가로 변모하게 만들어 나중에는 사회적 시장경제를 이뤄냈다.

한가로움과 노동 사이에 빚어진 갈등은 이미 오래전에 결판이 났다. '무슨 일을 하는지 말해줘. 그럼 네가 누구인지 말해줄게.' 이것이 그 갈등의 결과다. 물론 멋쟁이, 한량, 플레이보이처럼 이의를 제기한 개별적 사례가 없지는 않았다. 19세기에 프리드리히 니체는 아리스토텔레스다운 어법을 가장 잘 구사하며 이렇게 썼다. "한가로운 인간은 일하는 인간보다 분명 더 낫다."

자본주의가 한가로움의 가치를 깎아내리는 태도의 핵심을 콕 집어 표현한 인물이 또 있다. 역시 19세기에 활동한 시인 게오르크 헤르베크*다. 그는 이렇게 운을 맞췄다. "기도하고 일하라고 세상은 외치나/기도는 짧게 하라, 시간이 돈이다."

고별식을 마친 헤커는 다시 한번 자신의 텅 빈 사무실을 둘러봤다. 이제 더는 예전으로 돌아갈 수 없다는 사실에 가슴이 아려오는 것은 피할 수 없었다. 고별사를 하며 동료들로부터 칭송과 인정, 심지어 따뜻한 애정을 받았음에도 그는 홀로 남았다는 느낌을 견딜 수 없었다. 지난 몇 주 동안 자신을 괴롭히던, 솜으로 둘러싸인 것만 같은 느낌은 이제 사라졌다. 그러나 그 자리에 아주 직접적인 아픔이 들어섰다. 아픔으로 심장이 저렸다. 나는 이곳에서 일만 한 게 아니라 아예 살다시피 했구나.

헤커는 마음을 추스르려고 노력했다. 마지막 순간에 괜한 감상으로 체면을 구기지는 말자고 다짐했다. 그는 아픈 어린아이를 다루듯 자신을 타일렀다. 이제 여섯 시 반, 곧 구내식당에서 고별 만찬이 열린다. 자신의 장례식에 가는 기분이 이런 게 아닐까. 헤커는 씁쓸했다.

---

* 게오르크 헤르베크(Georg Herwegh, 1817~1875)는 독일의 시인이자 번역가로 노동운동을 대변하는 혁명적 시를 주로 썼다.

회사 건물의 1층에 위치한 구내식당에 들어섰을 때 헤커는 깜짝 놀랐다. 정말로 많은 동료들이, 아니 거의 모두가 참석한 것 같았다. 그들은 비슷한 다른 모임에서처럼 지각하지 않고 제때에 참석했다. 헤커는 행사가 짐작했던 것보다 성대하게 치러질 조짐에 감동을 받았다. 편집장이 먼저 짤막한 인사말을 했다. 헤커는 그 말이 그저 장기 근속한 동료에게 의례적으로 해주는 칭찬이 아니라는 점에 다시금 감격했다. 헤커가 열성과 진지함으로 항상 최선을 다했다는 점, 특히 문장의 품격을 높이려 지칠 줄 모르고 노력한 사실을 인정해주는 말에는 부족함이 없었다.

또 헤커가 불과 몇 달 전 편집 마감을 몇 분 앞두고 컴퓨터에 잘못된 명령어를 입력하는 바람에 하마터면 잡지가 출간되지 못할 뻔한 사실도 잊지 않고 언급되었다. 여러 텍스트가 마치 유령이 지워버린 것처럼 흔적도 없이 사라졌기 때문이다. 레이아웃을 맡은 기술자가 마지막 순간에 가까스로 파국을 막을 수 있었다.

헤커는 지금도 그때를 생각하면 등에서 식은땀이 흘렀다. 당시 상황은 정말이지 심각했다. 나중에 동료들은 이 사건을 두고 기회가 있을 때마다 놀려댔다. 헤커처럼 늙은 동료는 안전을 위협하는 심각한 문제라나. 자신의 실수가 분명했기에 그는 아무 변명을 하지 못했다. 그러나 그 문제는 나이 탓이 아니라 그가 컴퓨터에 정말 무관심해서 빚어진 것일 뿐이다. 물론 이런 무관심이 나이와 상관없지는 않겠지만.

또한 편집장은 헤커가 평소 잘 나서지 않는 신중한 성격임에도 정말 까다로운 동료였다는 언급도 잊지 않았다. 어려운 문제에서 서로 눈치를 볼 때마다 그가 과감하게 반론을 제기했다면서 말이다.

"그러나 저는 정말이지 반론을 해주신 것에 감사드립니다. 덕분에 우리는 더 발전할 수 있었습니다."

헤커는 이보다 더 멋진 칭찬은 들을 수 없으리라는 느낌에 가슴이 벅차올랐다. 이제 헤커의 차례다. 그는 미리 준비한 연설을 시작했다. 집에서 아내가 지켜보는 앞에서 몇 차례나 연습을 했음에도 온몸이 떨려왔다. 그럼에도 중간에 계속 박수갈채가 나와 멈춰야 했으며 결국 그의 연설은 기립박수를 이끌어냈다.

그런 다음 이날의 절정이 찾아왔다. 아무래도 은밀하게 준비한 것이 역력한 동료들이 앞으로 나와서 그의 이름에 운을 맞춘 노래를 불렀다. '에어베커Erwecker(깨우는 사람), 폴슈트레커Vollstrecker(집행하는 사람), 레커lecker(미식가)'로 이어지던 음률은 '메커mecker(불평하는 사람)'로 끝을 맺었다. 헤커는 배를 부여잡고 웃었다. 평소 좀체 눈물을 흘리지 않던 그였지만 이날은 눈물을 참느라 안간힘을 써야만 했다.

행사의 공식적인 부분은 끝났다. 헤커는 이 테이블에서 저 테이블로 옮겨 다니며 이야기를 나누었다. 화제는 주로 지난 일이다. 그러나 옛 동료들과 함께했던 저녁 시간과는 달리 헤커는 과거형에 조금도 개의치 않았고 자신도 옛날 이야기들로 흥을 돋웠다. 하긴 이런 자리에서 무슨 이야기를 해야 할까? 작별은 과거와의 작별이다.

헤커는 마침내 3층의 외신부 여기자와 마주쳤다. 앞서 이탈리아 관련 기사를 봐달라고 부탁했던 여기자는 헤커에게 이날 저녁의 가장 아름다운 체험을 선물했다. 헤커는 동료의 무리와 떨어져 홀로 있는 여기자를 발견하고 신참이라 아직 잘 어울리지 못하는 모양이라고 생각했다. 그는 그녀에게 다가가 몇 가지 의례적인 말을 주고받은 다음 곧장 선제공격에 나섰다. 혹시 아까 전에 내게 도와달라고 한 것이 계획된 행동은 아니었어? 이제 곧 은퇴할 늙은 기자에게 위안이나마 건네려고 그런 거 아냐?

"어떻게 그런 생각을 하셨어요?"

여기자는 눈을 동그랗게 떴다.

"아니에요. 정말 어려워서 도움을 청했어요. 물론 선배님과 함께 일해보고 싶은 생각도 있었죠. 명성은 익히 들었으니까요. 그래서 너무 늦기 전에 도움을 청했어요."

"그래? 그럼 나는 시험에 합격한 건가?"

"제 이름은 라우라예요."

여기자는 자신보다 곱절은 더 나이가 많은 선배 앞에서 쑥스러운 미소를 지었다. 헤커는 나이를 의식하는 그녀의 태도에 아주 기분이 좋아 자신은 토마스라고 말했다.

"앞으로도 또 볼 기회가 있겠지."

물론 헤커는 앞으로도 신문에 기고할 것을 의식하고 이렇게 말했다. 자신의 전문 분야인 이탈리아를 염두에 두면서. 라우라는 생각만 해도 기쁘다며 경험과 지식을 갖춘 선배야말로 없어서는 안 될 귀중한 존재라고 화답했다. 헤커는 그 말에 조금도 동의하지 않았지만 진심으로 고맙다고 미소 지었다.

한 젊은 기자가 기타를 가져와 흘러간 옛 노래를 부르기 시작했다. 헤커는 젊은 친구가 어떻게 이런 노래를 알까 놀라워하면서도 열심히 따라 불렀다. 「잘못은 보사노바의 것일 뿐이야」, 「상사병은 아무 쓸모가 없어, 마이 달링」, 「붉은 입술에는 키스를 해야지」 하는 노래들을 연달아 불렀다.

젊은 기자는 헤커의 목소리가 참 아름답다며 기타를 칠 줄 알면 직접 해보는 것이 어떻겠냐고 했다. 헤커는 비록 몇십 년째 쳐보지 않았지만 기타를 받아 들고 예전에 즐겨 부르던 레퍼토리 가운데 이탈리아 노동가요를 목청껏 불렀다. 낯 뜨겁기는 했지만 오늘 같은 날 아니면 또 언제 부르랴 싶었다. 노래가 끝나자 "앙코르!" 하는 외침이 동료들 사이에서 터져 나왔다.

그동안 가버린 동료들로 자리는 곳곳이 비었다. 이제 헤커는 앞서 한 노래 못지않게 낯간지러운 투콜스키[*]의 「안나 루이제」를 불렀다. 그는 젊은 시절 이 노래로 주거공동체의 친구들을 꽤나 괴롭혔었다.

이제 그만하면 족하다. 술을 너무 많이 마셨고, 너무 많이 이야기했다고 그는 생각했다. 헤커는 몇몇 동료와 악수를 하며 작별 인사를 나누었다. 이미 많은 이들이 가고 없었다. 프란치스카가 기다릴 텐데.

헤커는 아내와 이미 오래전에 이 감사의 저녁에 함께하는 것을 두고 이야기를 나눴었다. 결국 도달한 결론은 지금까지 해오던 그대로 하자는 것이었다. 저마다 자신의 영역을, 저마다 자신의 세계를 지키자. 최소한 일과 관련해서는 그렇게 하자고 결론 내렸다. "당신은 신문, 나는 번역이야"라고 프란치스카는 말했다.

헤커는 자전거를 탈 엄두가 나지 않아 택시를 잡았다. 집에 도착했을 때 아내는 이미 잠자리에 들었다. 그러나 물론 깨어 있었다. 프란치스카는 그를 기다렸다.

"이제는 실직자야."

---

[*] 쿠르트 투콜스키(Kurt Tucholsky, 1890~1935)는 독일의 저널리스트이자 작가로 바이마르공화국 시대가 낳은 가장 걸출한 작가로 꼽힌다. 사회주의자로 활발한 정치 비판 활동을 벌였으며 나치스 정권의 위험을 강력히 경고했다.

헤커가 말했다. 그러자 프란치스카가 대답했다.

"뭐, 별로 나쁘지 않아. 당신은 그저 일자리만 내려놓았을 뿐이야."

우리도 사랑한다

나이가 들었다고 해서
모든 욕구가 사라지는 것은 아니다

헤커는 의자에 누운 채로 해변을 바라봤다.
바다 멀리 헤엄처 나가는
아내만 본 것은 물론 아니다.
좌우로 눈여겨볼 만한 아름다움은 많기만 했다.

다음 날 아침 잠자리에서 일어난 헤커가 차를 끓일 때 프란치스카는 이미 출근하고 없었다. 헤커는 전날 저녁 마신 술로 평소보다 오래 깊은 잠을 잤다. 아침 식사를 하려고 주방 식탁에 앉으려는데 편지 봉투 하나가 그의 눈을 사로잡았다. 겉봉의 필적은 프란치스카의 것이다. '가짜 은퇴자에게.' 봉투 안에서 카드가 한 장 나왔다. 카드에는 한 쌍의 노부부가 그네를 함께 타고 하늘 높이 날아오르는 그림이 있었다. 카드를 펼치자 이런 글이 있었다. '사랑하는 토마스, 10월 1일은 나쁘기만 한 날은 아니야. 이날을 새길 좋은 추억거리가 생길 거야. 우리, 마르고Margaux에서 즐깁시다. 내가 초대할게.'

헤커는 자기도 모르게 휘파람을 불었다. 마르고는 브란덴부르크 토어 바로 뒤편에 있는, 베를린에서 가장 호화스러운 레스토랑 가운데 하나다. 프란치스카와 헤커는 여러 차례 그 앞에 서서 메뉴판을 들여다보곤 했다. "너무 비싸." 부부는 그때마다 아쉬운 눈빛을 교환했다. 그러나 오늘 저녁 그 비싼 마르고에서 아내가 저녁을 사겠단다.

이런 선물 하나가, 그것도 상당히 과격한 선물이 오늘 하루를 구해주는구나. 헤커는 새삼 자신의 처지가 안쓰러웠다. 하지만 물론 감동은 받았다. 은퇴도 나쁘지만은 않다며 그는 입맛을 다셨다. 그러나 왜 아내는 편지 봉투 겉면에 '가짜 은퇴자'라고 썼을까? 오늘의 만찬을 위해 정오가 지난 지 얼마 되지 않아 귀가한 프란치스카에게 그는 물었다. 은퇴는 오늘부터 가짜가 아니라 진짜 현실인데?

"당신이 진짜 은퇴를 했다는 게 아직 상상이 안 돼서 그래."

프란치스카는 대답했다. 그가 공원 벤치에서 햇볕이나 쬐고 오리들에게 모이를 주며 지루해 견딜 수 없어 하는 모습을 어떻게 상상하겠냐며 그녀는 종알거렸다. 그러면서 슈퍼마켓 주변의 간이매점 앞에 하릴없이 죽치고 있는 늙은이들이 은퇴자라면 그는 가짜 은퇴자가 아니냐고 못 박았다. 그들이 노숙자인지 은퇴자인지 알 길은 없지만 그런 구질구질한 모습은 딱 질색이라고, 절대로 그런 것은 허용할 수 없다고 그녀는 잘라 말했다.

프란치스카는 은퇴가 전혀 은퇴답지 않게 시작될 수 있도록 한 바퀴 조깅을 하자고 제안했다. 그러면 머리도 맑아지고 저녁 식사의 식욕도 북돋워줄 거라면서. 이에 헤커는 늙은이가 헐떡거리며 거리에서 뛰는 걸 보면 꼭 개처럼 보인다고 투덜대면서도, 운동화 끈을 매고 아내를 따라 나서 계단을 내려가 슈프레 강둑을 따라 달리기 시작했다. 벨뷔Bellevue 궁을 거쳐 수상 관저를 지나며 티어가르텐을 크게 한 바퀴 도는 코스는 5킬로미터는 족히 되는 거리다. 조깅이 거의 끝나갈 즈음 헤커는 프란치스카의 뛰는 속도를 따라잡으려고 안간힘을 쓰면서 노인을 배려해야 하는 것 아니냐며 구시렁거렸다. 그는 그래도 5킬로미터를 완주했다.

집으로 돌아온 부부는 다음 날을 위해 서둘러 여행 가방을 꾸렸다. 내일 아침 일찍 올비아Olbia 행 비행기를 타야 한다. 이제 4주 동안 사르데냐 해변에서 부부는 모처럼 한가로움을 만끽하기로 했다. 헤커는 기대감에 가슴이 설렜다. 은퇴 첫날은 정말이지 은퇴의 나날로 여겨지지 않았다. 말 그대로 가짜 은퇴다.

아무튼 이날의 절정이 헤커 부부를 기다렸다. 프란치스카는 마르고에서 눈썹 한번 깜빡이지 않고 일곱 가지 요리가 차례로 나오는 가장 비싼 코스 메뉴를 주문했다. 헤커는 메뉴판에서 가격을 보고 가슴이 철렁했지만 이런 날 모처럼 남편을 위해 분위기를 살리려는 아내의 마음을 헤아려 아무 말도 하지 않았다. 하긴 기회가 있을 때 즐겨야 하지 않겠는가. 가만, 기회가 있다? 참 묘한 표현이라고 헤커는 쓴웃음을 지었다. 어쨌거나 첫 번째로 나온 전채 요리를 부부는 즐겁게 먹었다.

헤커는 새 요리가 나올 때마다 이런 깜짝 선물을 해준 프라치스카에게 고맙다는 말을 했다. 그러다 돌연 식욕을 잃었다. 네 번째 접시가 나오자 그는 탄식을 했다. 위가 꽉 차 더는 들어가지 않았다. 옛날 같았으면 이 정도는 게 눈 감추듯 먹어치웠을 텐데 하는 생각에 절로 한숨이 나왔다. 다섯 번째 메뉴는 약간만 손을 댔으며 여섯 번째는 거의 건드리지 않았고, 결국 일곱 번째는 그대로 물렸다.

"안타깝구먼."

헤커는 미안한 마음에 이렇게 말했다. 좋은 선물을 해주었는데 그걸 즐기지 못하는 자신의 처지가 정말 안타까웠다. 아내는 실망하지 않은 척하려고 안간힘을 썼지만 얼굴에 감정이 고스란히 드러났다. 오늘의 외식은 그녀의 선물이지 않은가. 게다가 이런 값비싼 요리는 쉽사리 즐길 수 있는 게 아니다. 헤커가 다시 입을 열었다.

"노화 현상이야. 이제 난 시니어 요리만 주문해야겠어."

"시니어 요리가 뭔데? 그건 치아가 약해 씹을 수 없는 노인이나 주문하는 거 아냐?"

프란치스카가 입술을 비죽 내밀었다. 헤커는 물론 치아가 아니라 늙은 위장이 문제임을 잘 알았다. 시니어 요리는 음식을 씹을 수 없어서가 아니라 소화할 수 있는 수준으로 양을 줄인 것이다. 특정 연령부터 사람은 너무 많은 걸 먹을 수가 없다. 나이를 먹어가며 모든 것이 작아지는 것이야말로 속상한 일이라고, 귀만 빼고 모든 것이 작아진다며 그는 약간 쓸쓸한 미소를 지었다.

"모든 것이 작아져. 심지어 위장까지. 심지어 식욕까지도."

헤커는 지금 자신이 내용물로 꽉 찬 낡은 자루처럼 느껴진다며 말 그대로 받아들여 달라고 아내에게 부탁했다. 그런 다음 에스프레소 한 잔을 주문했다.

집으로 돌아와 부부는 일찍 잠자리에 들었다. 자명종이 내일 새벽 일찍 울릴 것이기 때문이다. 일단 한 가지만 좀 짚고 넘어가자고 프란치스카가 말했다. 그가 요즘 늙음이라는 단어를 아예 입에 달다시피 하고 있다면서.

"매분, 매시간, 아무튼 헤아릴 수도 없을 지경으로 자주 늙었다고 얘기해. 오늘은 몇 번이나 했는지 알아?"

제발 그러지 말라고, 짜증 난다고 아내는 말했다. 헤커는 그렇게 하겠다고 약속했다.

다음 날은 불평할 기회조자 생기지 않았다. 사르데냐는 초가을의 너무나 아름다운 풍경을 자랑했다. 기후는 온화했으며 정오에는 심지어 약간 더웠고 저녁에만 서늘한 바람이 불었다. 붉은 암벽 꼭대기에 위치한 숙소는 마치 독수리 둥지처럼 무한히 펼쳐지는 전망을 선물했다. 헤커는 이런 곳을 비교적 싼값에 빌릴 수 있다는 게 놀랍기만 했다. 그러다 곧 시즌이 아니기에 가능했다는 걸 깨달았다. 어쨌거나 숙소의 낭만적인 위치는 은퇴자의 첫 휴가 여행보다는 신혼여행에 더 어울렸다. 그렇지만 헤커는 지금 여행이 은퇴와는 별 상관이 없다고 생각했다. 젊은 시절에 했던 여행과 다를 바가 없는 산뜻한 기분이 그저 좋기만 했다.

게다가 프란치스카와 헤커는 늙은이처럼 숙소에서 멍하니 있지 않고 자동차를 빌려 섬의 곳곳을 누비고 다녔다. 북쪽 해변을 둘러보고 코스타 스메랄다의 고급 빌라 동네를 구경했으며, 서쪽 보사의 동굴들을 차례로 순례하고 남쪽 사르데냐의 수도 칼리아리로 달리며 부부는 해방감을 만끽했다. 가끔은 등산화를 신고 숙소에서 가까운 산들을 오르기도 했다. 심지어 사르데냐의 가장 높은 산들인 장나르젠투와 소프라몬테에도 도전했다.

따로 특별한 일정이 없으면 부부는 해변에 누워 시간을 보냈다. 헤커는 멀리 바다로 헤엄쳐 나가는 프란치스카를 바라봤다. 어찌나 멀리 가는지 모습이 잘 보이지 않을 정도로 아내는 수영을 잘했다. 그는 고작해야 100미터쯤 갈 수 있을 뿐이다.

나이 탓에 그런 건 아니다. 헤커는 수영을 그리 잘하지 못했다. 그리고 늙음이라는 말을 다시 입에 올리지 않겠다던 약속을 상기하기로 했다.

가장 아름다운 시간은 숙소의 테라스에서 저녁놀을 바라볼 때였다. 부부는 함께 요리한 파스타나 기묘한 사르데냐 소시지를 먹으며 저녁놀의 장관을 감상했다. 소시지는 향이 너무 강했는데, 헤커는 아마도 이게 마조람을 넣어 나는 향이 아닐까 짐작했다. 아무튼 부부는 아늑한 보금자리에서 바다를 바라보며 와인, 주로 사르데냐 특산품인 카노나우Cannonau를 마셨다. 부부는 이런 시간을 누릴 수 있는 게 정말 행복했다. 많은 경우 어느 한쪽이 들어가지 않겠냐고 물었다. 와인이야 침대에서도 마실 수 있으니까.

헤커는 행복하고 고마웠다. 지난 20년 동안 프란치스카와의 결혼 생활은 만족스러웠다. 이따금 서로 얼굴을 붉히는 일이 없지는 않았지만 부부 관계는 일종의 우정, 헤커가 예전에는 전혀 알지 못했던 깊은 우정을 키웠다. 아마도 이런 게 진짜 사랑이 아닐까. 서로를 탐하는 욕구가 물러나고 지속적이며 흔들리지 않는 결속의 감정이 그 자리에 들어섰다. 욕구가 완전히 사라진 것은 아니다. 그러나 두 사람의 애정은 다른 의미를 얻었다. 더는 젊었을 때처럼 절박하지 않았고, 욕구가 일 때면 서로의 익숙함이 좋았다. 욕구가 반드시 필요하지 않으며 그저 서로 옆에 있어주는 것만으로도 든든한 관계, 이런 게 정말 사랑이지 않을까. 물론 이성을 바라보는 헤커의 상상력은 사라지지 않았다. 미인을 보면 다시 한번 돌아보던 습관은 남아 있었다. 그는 자신의 이런 습관이 이젠 드러나지 않기를 바랐다.

몇 주 전이었다. 8월인 것 같은데 그때 헤커는 놀라운 일을 경험했다. 퇴근 후 저녁에 친구들과 도심의 바에서 만나기로 약속했다. 같이 만나기로 한 프란치스카는 이미 바에서 기다리고 있었다. 바의 문을 열고 들어선 헤커는 입구 옆 테이블에 한 젊은 여성이 홀로 앉아 있는 것을 봤다. 30대 초반쯤 되어 보이는 그녀는 검은 긴 머리에 얼굴이 무척 작았다. 얼굴에서 배어나오는 어딘지 모르게 진지한 분위기가 그의 눈길을 잡아끌었다.

그런데 옆을 지나칠 때 그녀가 헤커의 얼굴을 대놓고 유심히 바라봤다. 헤커는 자신이 착각했거니 여겼다. 아마도 그녀의 아버지와 닮은 게 아닐까 생각했다. 그러고선 바의 다른 편 끝에 앉은 친구들을 발견하고 그리로 가서 앉았다. 맥주 한 잔을 주문한 뒤 그는 그 여성을 까맣게 잊었다.

친구들과 담소를 나누는데 휴대폰 벨 소리가 울렸다. 필자였다. 기사를 쓰다가 까다로운 대목이 나와 헤커의 의견을 묻고 싶다고 필자는 말했다. 오래 걸리지 않을 거라고도 했다. 헤커는 잠깐 기다리라며 휴대폰을 들고 밖으로 나가기로 했다. 바

안에서는 상대가 무슨 말을 하는지 잘 들리지 않기 때문이다. 출구 쪽으로 가던 헤커는 아까 그 여성이 여전히 홀로 앉아 화이트와인을 마시는 것을 봤다.

필자와의 의견 교환은 빠르게 이뤄졌다. 헤커는 이런저런 대안을 제시하고 의례적인 인사말을 나누고 바 안으로 다시 돌아왔다. 이번에도 그는 그 여성이 자신을 바라보는 것을 느꼈다. 심지어 그녀는 살며시 미소를 짓기까지 했다. 분명 헤커에게 짓는 미소였다. 헤커는 그녀가 자신을 보고 미소 지었음을 확신했고, 이 확신은 그를 혼란에 빠뜨렸다.

다시 친구들과 마주 앉은 헤커는 우디 앨런의 신작을 화제로 이야기를 나누었다. 친구들은 이 늙은 거장이 젊어서 좋은 경험을 한 게 틀림없다고 시시덕거렸다. 헤커는 대화에 집중할 수 없었다. 젊은 여성의 미소가 그를 놓아주지 않았다. 혹시 내가 헛것을 본 게 아닐까.

모임은 족히 한 시간이 걸려 파했다. 헤커는 프란치스카와 함께 바 안을 메운 사람들 사이를 헤치고 출구로 나아갔다. 젊은 여성은 여전히 같은 자리에 앉아 있었다. 그녀는 헤커를 발견하자 자리에서 돌연 일어나 두 걸음쯤 헤커에게 다가와 손으로 그의 팔을, 정장의 팔소매를 어루만지며 다시금 미소를 짓더니 눈 깜짝할 사이에 바 안의 무리 속으로 사라졌다. 헤커는 놀란 입을 다물지 못하고 멍하니 서 있었다. 이게 뭐지? 너무나 혼란스러웠다.

"와우, 존경합니다."

프란치스카 역시 놀란 표정으로 이렇게 말했다. 헤커는 이런 일을 경험한 적이 없었다. 아무리 되짚어도 한 번도 없었다. 그는 놀란 입을 다물기는 했지만 여전히 무슨 일이 일어난 것인지 갈피를 잡지 못했다. 내가 잘못 본 건가? 아냐, 틀림없어. 거리로 나온 헤커는 프란치스카에게 물었다.

"그게 대체 뭐였어?"

"그녀가 당신에게 반했나 봐."

프란치스카는 그런 여자들이 있다고 말했다.

"정장 때문인가?"

비교적 최근에 구입한 이 정장은 헤커가 아주 마음에 들어하는 것이긴 했다. 아마 그 여자가 정장이 마음에 들어 정확히 살펴보고 싶었나 보다고 그는 말했다.

"그렇겠지. 하지만 그 정장을 입은 남자를 살필 권리는 오직 나한테만 있다고. 어디 감히."

프란치스카는 이렇게 말하며 웃어넘겼다. 하지만 헤커는 바에서 있었던 일을 잊을 수가 없었다. 그 사건은 자신의 아픈 데를 정확히 건드렸기 때문이다.

이미 오래전부터 헤커는 살아 있다는 느낌을 잃어버린 것 같아 괴로웠다. 그는 이런 감정이 욕구의 상실 때문에 빚어졌다고 생각했다. 욕구는 언제나 그의 인생을 떠받치던 강력한 힘이었다. 일도 그에게 힘을 주기는 했지만 욕구만큼은 아니었다. 욕구를 풀 행동을 하지 않았다고 상실감이 찾아오는 것은 아니다. 어쨌거나 프란치스카를 알고 난 뒤부터 욕구를 해결하기 위해 모험까지 감행하던 시절은 지나갔다. 그럼에도 욕구는 지워지지 않고 남았다.

자신의 욕구보다 훨씬 더 중요한 것은 누군가 자신을 욕구하는 것이라고 헤커는 생각했다. 인간은 사소한 몸짓, 시선, 관심만으로도 누군가 자신을 욕구한다는 것을 충분히 감지한다. 그런데 이런 감각이 지난 몇 년 동안 근본적으로 변화했다. 젊은 사람들의 모임에 초대받아 가면 헤커는 이방인이 된 것만 같았다.

초대를 한다는 것은 그만큼 관심이 있고 뭔가 흥미로운 이야기를 듣고 싶다는 기대감이 그 동기이지 않은가. 그럼에도 젊은 사람들 사이에 끼어서 그는 도대체 무얼 어떻게 해야 좋을지 감을 잡을 수 없었다. 아니다, 젊은 사람이 아니라 젊은 몸이 문제다. 그렇군. 젊은 몸이 문제라는 게 정확한 표현이라고 헤커는 생각했다. 그리고 그게 가장 중요한 문제다. 헤커는 파티에서 담소를 나누고 춤을 추어도 무엇 때문인지 모르지만 심드렁하기만 했다. 이제 알겠다. 몸이 늙어서 그렇구나. 아무튼 그는 게임에, 욕구하고 욕구를 받는 게임에 함께하지 못했다. 그는 그저 앉아서 구경만 했다.

2,000만 명에 이르는 독일의 은퇴자들이 아마도 모두 이런 경험을 하리라. 이런 경험은 여성이든 남성이든 마찬가지겠지만 여성이 남성보다 훨씬 더 빨리 겪는다. 문학자 한넬로레 슐라퍼*는 늙음을 주제로 쓴 에세이에서 이렇게 표현했다. "여성은, 물론 여성 해방론자는 부정하겠지만 일단 몸으로 정의된다. 건강, 젊음, 아름다움이 여성을 평가하는 일차적인 잣대다." 다시 말해서 건강하지 않고 젊지 않으며 아름답지 않은 여성은 평가절하를 당한다. 바로 그래서 특정 연령부터는 여성에게 나이를 묻지 않는 관습이 생겨났다. 불공평할 뿐만 아니라 이런 인습은 여성을 인격체로 보지 않는 범죄 행위다. 나이를 먹었다고 해서 부끄럽게 만드는 것은 인격을 짓밟는 만행이기 때문이다.

남성과 여성의 나이가 이처럼 차별을 받는 것은 특히 외모 문제에서 심각성을 드러낸다. 슐라퍼는 정확히 이 점을 짚었다. "여성은 늙어가며 복장이 바뀐다. 남성의 복장은 신분을 나타내지만 여성의 복장은 섹시한 매력이 좌우한다. 70대의 기업 임원은 40대 부장이었을 때와 같이 정장 차림을 하지만, 여성은 늙어가며 본격적으로 복장에 제약을 받는다. 섹시한 자극

---

* 한넬로레 슐라퍼(Hannelore Schlaffer)는 1939년생의 독일 문학자이자 에세이스트로 프라이부르크와 뮌헨 대학교에서 교수를 지냈으며 각종 신문에 활발하게 칼럼을 썼다.

을 줄 수 있는 모든 것이 짧아진다. 머리카락이 짧아지고 구두 굽은 낮아지며 노출 부위, 특히 다리는 되도록 가려진다." 슐라 퍼는 자신의 에세이를 다음과 같은 단정적인 문장으로 끝낸다. "늙은 베누스(비너스)는 없다."

정확히 그래서 여성의 노화는 문학적 묘사의 대상이 되는 일이 드물며 대중의 관심을 끌지 못한다. 대중은 늙은 여인을 '노망난 노파'라거나 '웃기는 할망구'로 폄하할 뿐이다. 남자들은 다르다. 남자는 주로 어엿한 가장이자 존경받아 마땅한 인물로 치장된다. 늙은 남자의 흰머리, 주름살, 쇠락한 몸은 여전히 매력 있는 것으로 여겨진다. 물론 남자의 경우도 조롱의 표적이 되기는 한다. 인색한 늙은이, 고집 세고 걸핏하면 훈계나 늘어놓는 노땅 혹은 음탕한 늙은이 따위가 흔히 듣는 조롱이다. 아무튼 이런 식으로 노년의 섹스는 좀체 사회적 담론의 주제가 되지 않는다.

이런 경향에서 변화를 보여주는 것은 오로지 영화다. 그것도 상당히 철저한 변화를 영화는 보여준다. 영화는 노년의 섹스를 더는 창피하거나 은밀한 것으로 다루지 않는다. 심지어 노년의 섹스는 지난 세월 동안 영화 제작의 한 흐름으로 자리를 잡았다. 그 선구적 역할을 한 작품은 「해롤드와 모드Harold and Maude」로 1971년에 발표되었다. 물론 당시 이 작품은 예외 취급을 받았지만 이후 몇 년 동안 노년의 섹스를 다룬 작품은

끊이지 않고 나왔다. 안드레아스 드레센Andreas Dresen의 「우리 도 사랑한다Wolke 9」(2008), 66세의 잭 니콜슨과 58세의 다이 앤 키튼이 주연한 「사랑할 때 버려야 할 아까운 것들Something's Gotta Give」(2003), 노년의 러브 스토리를 그린 「피파 리의 특별 한 로맨스The Private Lives of Pippa Lee」(2009), 당시 60세의 메릴 스트립이 두 명의 늙은 신사들 사이에서 갈등하는 모습을 그 린 「사랑은 너무 복잡해It's Complicated」(2009), 화니 아르당이 젊은 애인과 늙은 남편 사이에서 고민하는 「브라이트 데이즈 어헤드Bright Days Ahead」(2013)* 등 이런 작품은 줄기차게 발표 되었다.

독일의 연극배우 마리오 아도르프Mario Adorf는 80세를 넘긴 나이에도 해변에서 수영복 차림으로 아내와 함께 사진을 찍었 다. 오스트리아의 여배우 크리스티아네 회르비거Christiane Hörbiger는 67세의 나이로 방송 드라마에서 약간 흐릿하게 처 리한 베드신을 소화해냈다. 아르테arte 방송은 몇 년 전 노년의 섹스라는 주제를 집중적으로 다룬 프로그램을 방영했다.

헤커는 이런 개방성이 마음에 들었다. 그가 특히 흥미를 느 낀 것은 질비아 보벤셴의 문장이다. 그녀는 늙어가는 과정을 관찰하며 노인, 아주 고령의 노인이라 할지라도 성적인 욕구를

---

* 원제는 'Les beaux jours(아름다운 날들)'이다.

인정해주고 이를 만족시킬 수 있도록 허용해주는 것이 마땅하다고 썼다. 그러나 그녀는 단호한 투로 이렇게 글을 맺었다. "다만 나는 그런 걸 지켜보고 싶지 않다." 우디 앨런이 했다는 유명한 말의 패러디다. "나는 죽음을 거부하지는 않아. 다만 그걸 지켜보고 싶지 않아."

헤커는 노년의 섹스를 금기시하지 않는 게 능력을 우선하는 가치관을 부추기지는 않을까 걱정이 되기는 했다. 매주, 매월, 매년 얼마나 해? 비아그라를 먹어, 안 먹어? 그가 젊었던 시절만 하더라도 이미 사람들은 섹스 혁명을 이야기하곤 했다. 침대에서 실력을 과시해야만 한다는 사회적 압력이 상당했다. 사람들은 마치 기록 갱신이라도 하는 것처럼 자신의 섹스 경력을 부풀리곤 했다.

이 세대가 늙어버린 지금 섹스 혁명의 여파로 여전히 섹스 문제에서 위선적인 태도를 보이는 사람은 적지 않다. 어떤 설문조사에 따르면 60~74세 부부의 60퍼센트가 여전히 성생활을 한다고 한다. 심지어 어떤 연구는 65~74세 남성의 94퍼센트, 여성의 63퍼센트가 애정 관계를 꾸린다는 주장까지 서슴지 않는다. 이를 곧이곧대로 믿는다면 요즘 노인들은 섹스광이 되어버린 모양이다. 헤커는 이런 조사 결과를 믿지 않았다. 그저 설문에 응한 사람들이 솔직히 밝히지 않고 허세를 떠는 게 아닐까. 자신은 필수는 아니지만 이따금 즐길 수 있는 것만으로 얼마든지 만족한다고 그는 생각했다.

헤커는 프란치스카와 함께 사르데냐의 해변에 누워 짙푸른 바다를 보며 이런 상념을 즐겼다. 그는 벌써 몇 년 전부터 해변용 의자를 빌려주는 해안을 선호했다. 20년째 자신을 괴롭히는 허리 통증 때문이다. 증상은 최근 들어 더 심각해졌다. 모래나 암벽 위에 커다란 수건 한 장만 깔고 누우면 너무나 불편했다.

헤커는 의자에 누운 채로 해변을 바라봤다. 바다 멀리 헤엄쳐 나가는 아내만 본 것은 물론 아니다. 좌우로 눈여겨볼 만한 아름다움은 많기만 했다. 푹신한 쿠션을 댄 해변용 의자에 걸쳐진 늘씬한 다리는 보는 것만으로도 즐거웠다. 해변을 산책하는 젊은 여인도 많았다. 이들을 지켜보는 헤커의 눈길에 희망이 서려 있지 않다면 그건 거짓말이다.

그는 아주 젊은 여인이 아주 늙은 남자와 함께 다니는 것을 볼 때마다 놀라고 감탄했다. 물론 그는 이런 균형이 맞지 않는 쌍이 어느 시대에나 있었음을 잘 안다. 파블로 피카소는 80세에 자신보다 46세나 어린 자클린 로크Jacqueline Roque와 결혼했다. 첼리스트 파블로 카잘스는 80세를 넘긴 나이에 20세의 마르타 몬타네즈Marta Montañez와 결혼했으며, 독일의 여배우 지모네 레텔Simone Rethel은 네덜란드 출신의 배우로 자신보다 46세가 많은 요하네스 히스터스Johannes Heesters가 죽을 때까지 그의 곁을 지켰다. 미셸레 뮌터페링Michelle Müntefering은 29세에 69세의 프란츠 뮌터페링Franz Müntefering과 결혼했다. 이 부부는 지금도 정치 활동을 활발히 벌인다. 요한 볼프강 폰 괴테는 72세에 울리케 폰 레베초프Ulrike von Levetzow에게 구애를 했다. 그녀는 당시 17세였다.

헤커는 이런 경우들을 예외로 간주해왔다. 그러나 지금 이 해변에서 그는 이 예외들이 너무 많은 것을 보며 놀랐다. 남자들이야 그런 대로 이해가 갔다. 젊은 여인을 차지했다는 우쭐함은 노년의 현실을 잊게 해줄 게 틀림없다. 자부심에 가득 차서 자신이 트로피 수집가라고 으스댈 게 분명하다. 처지는 힘이야 비아그라가 도와줄 테니 무슨 걱정인가.

그러나 여성들은 왜 그런 선택을 할까? 아버지 같은 남자를 원해서? 돈 때문에? 헤커는 이해하기 힘들었다. 특히 수영복을 입은 늙은 남자를 보며 헤커의 의구심은 더욱 짙어졌다. 젊은 여성들은 앞으로 병 수발을 들어야 할지 모를 남자와 함께 해수욕을 하고 있다는 걸 알기는 할까? 아무튼 이해하기 힘든 노릇이라고 그는 아리송한 표정을 지었다.

뭐, 섹스라는 문제는 시대를 막론하고 이해하기 힘든 것이니까. 지극히 섬세하게 접근해야 하지만 그런다고 상대가 항상 마음을 여는 것도 아니며, 도무지 어울릴 것 같지 않은데도 버젓이 한 쌍을 이루는 경우를 보면 남녀 관계란 참 알다가도 모를 노릇이다. 어쨌거나 지금 이 해변의 풍경은 늙었다고 해서 욕구로부터 자유로워지거나 욕망의 대상이 될 수 없는 것은 아님을 확실히 증명한다. 노년의 리비도를 두고 고대 그리스의 극작가 소포클레스가 한 말은 분명 틀렸다. "(열정이라는)* 저 거침없고 굴할 줄 모르는 폭군으로부터 빠져나와 나는 행복하다네."

반드시 쟁취하고야 말겠다는 과거의 열정과 그래도 기회만 된다면야 누릴 수 있겠지 하는 어렴풋한 희망 사이에 엉거주춤 끼인 헤커는 지금의 휴가 여행이야말로 자신이 맛본 것 가운데 가장 아름답다고 생각했다. 10월의 마지막 주간은 비 한 방울 내리지 않는 아름다운 날씨를 선물했고, 헤커 역시 프란치스카와 했던 약속을 지킴으로써 늙음이라는 우울한 생각은 깨끗이 떨쳐버렸다. 늙음도, 앞으로 맞이할 시간도 지금은 이야기할 필요가 없다.

물론 헤커의 머릿속에서는 앞으로 맞이할 시간이 불쑥 고개를 내밀곤 했다. 그것도 아주 생생하게. 해변에 누웠거나 등산을 할 때도 그는 문득 앞으로 어찌 살아야 할지 고개를 드는 의문에 막막해지곤 했다. 일도 계획도 없는 남자. 그러나 묘하게도 이런 유령 같은 생각은 이내 사라지곤 했다. 곧 다시 나

---

* 괄호 안은 옮긴이가 추가한 것이다.

타나기도 하는 것으로 미루어 아마도 공격을 새롭게 정비하려고 잠시 숨는 것 같기도 했다. 하지만 다시 나타나도 물리치기가 어렵지 않은 적이라 여기며 헤커는 그런 대로 만족했다.

프란치스카도 이 4주 동안 은퇴라는 말은 한 번도 입에 올리지 않았다. 그녀 역시 아무 말도 하지 않았기에 헤커는 혹시 그녀도 이따금 유령의 방문을 받는지 알 길이 없었다. 아무튼 두 사람에게 은퇴는 침묵해야 할 주제였다. 심지어 돌아오는 비행기 안에서도 이 주제는 거론되지 않았다.

무료한 하루

○

할 일이 없는 은퇴자의 시계는
매일 스스로 움직여야만 한다

시간은 이제 아낄 것이 아니라
오히려 정반대로 마음껏 낭비해도 좋은 것이다.
그렇지 않고 시간을 붙들고 있으면
영원한 지루함이 찾아온다.

두 번째 약속은 지켜야만 했다. 책 박스와 쓰레기봉투는 헤커가 휴가 여행 전에 놓아둔 그대로 작업실 공간을 차지하고 있었다. 이걸 정리하고 여행 가방을 풀고, 여행 동안 입었던 속옷과 옷가지들을 몇 차례 세탁기로 돌리자면 서너 시간은 족히 걸리겠다고 헤커는 생각했다.

서너 시간? 헤커는 시간을 헤아리다 어처구니가 없다는 생각이 들었다. 왜 시간을 헤아리지? 이제 하루, 일주일, 한 달 단위로 헤아려도 되잖아? 시간은 그가 평생 동안 가장 귀중하게 여긴 것이다. 늘 부족한 시간의 꽁무니를 쫓느라 숨 가쁘게 달리기만 했다. 하루가 30시간이었으면 좋겠다는 바람은 얼마나 간절했던가. 설령 30시간이 주어졌더라도 턱없이 부족했으리라. 일은 물론이고 사생활에서도 시간은 늘 부족하기만 했다. 그러나 이제 그는 가진 게 시간밖에 없다. 시간이 차고 넘친다. 돌연 하룻밤 새 내린 폭설과 같은 시간 속에 헤커는 묻혀버렸다.

아무래도 시간 개념을 바꿔야만 하지 않을까 하고 헤커는 생각했다. 은퇴 이전과는 다르게 시간을 다뤄야 한다. 속도는 이제 반드시 빠르지 않아도 된다. 세 시간이나 네 시간이나 아무 차이가 없다. 이제 또 하나의 원칙이 무너지는구나 싶어 헤커는 절로 한숨이 나왔다. 속도는 언제나 중요한 덕목이었다. 깨어 있음, 번뜩이는 정신력과 건강을 증명해주는 것이 속도였다. 빠른 일꾼이 곧 좋은 일꾼이었다. 그러나 이는 이제는 맞지 않는 원칙이다. 시간은 이제 아낄 것이 아니라 마음껏 낭비해도 좋은 것이다. 그렇지 않고 시간을 붙들고 있으면 영원한 지루함이 찾아온다.

오늘 아침 프란치스카의 자명종이 울렸을 때 헤커는 침대에 좀 더, 약 한 시간쯤 더 누워 있을까 생각했다. 아내가 출근하고 홀로 집에 있을 생각을 하니 기분이 묘했다. 그렇지만 이내 그는 자리를 박차고 일어섰다. 뭉그적거리는 것이 싫었기 때문이다. '은퇴 생활은 규율이 엄격해야만 한다.' 이 말은 노년을 주제로 한, 자기계발 범주로 정리되는 어떤 책에서 읽은 글귀 가운데 그나마 쓸모 있다고 생각한 것이다.

그럼에도 언제 일어나든 상관없잖아. 이런 발상이 그에게는 매우 충격적으로 다가왔다. 지난 60년 동안 언제 일어나든 상관없었던 때는 한 번도 없었다.

헤커와 프란치스카는 주방 식탁에 마주 앉아 차를 마시며 신문을 봤다. 서로 대화는 거의 나누지 않았다. 아침 시간에 두 사람은 말이 많은 편이 아니다. 일단 이날 아침은 지난 세월의 여느 아침과 다를 바가 없었다. 마침내 프란치스카가 "다녀올게요" 하고 나서면서 현관문이 닫혔고, 헤커는 식탁에 홀로 남았다. 그리고 돌연 다른 아침이 되어버렸다. 아홉 시 몇 분 전이다.

헤커는 찻잔을 식기세척기 안에 넣고 침실로 가서 침구를 정리하고 거실도 정리했다. 달리 갈 곳도 없으니 최소한 집 안이라도 깔끔해야 마음이 편안할 것 같았기 때문이다.

거실 정리를 마친 헤커는 작업실에서 책 박스들과 씨름했다. 그는 책을 일일이 꺼내 들고 앞으로 쓸모가 있는지 살폈다. 천천히, 차분하게, 서두를 것 없다며 그는 자꾸 조바심을 내는 자신을 타일렀다. 이제 시간은 차고 넘치는데 조바심을 낼 이유가 무엇인가. 헤커는 책을 두 더미로 나누었다. 한쪽은 고서적상으로 보낼 것, 다른 쪽은 보관할 것이다. 많은 경우 그는 좀체 결정을 내리지 못했다. 고서적상으로 보내려고 쌓아둔 책들도 여전히 미련이 남아 자꾸 손에 잡고 살피며 보관할 쪽으로 옮겼다가 다시 되돌려놓는 행동을 반복했다. 시계를 보니 이제 겨우 열 시를 조금 넘겼다.

직장을 다닐 당시 이 시간이면 헤커는 이미 두 번째 커피를 마시고 있었다. 그는 나름대로 일상의 의례를 갖춰가며 생활했다. 아침에 집에서 차를 마시고 출근해 사무실에 도착하자마자 카푸치노를 마셨다. 커피를 마시며 여러 종의 일간지들을 죽 펼쳐놓고 읽으면서 중요한 사항은 메모를 했다. 그런 다음 3층으로 올라가 가장 좋아하는 동료의 사무실에서 두 번째 카푸치노를 마셨다. 그 동료는 그저 직장 동료 이상의 존재로 아주 친한 친구이기도 했다. 헤커는 그와 함께 커피를 마시며 세상 돌아가는 이야기를 나누고, 새로운 요리를 배운 게 있는지 서로 정보를 교환했다. 요리는 두 사람이 가장 좋아하는 취미였다. 그러다 다시 자신의 사무실로 돌아오면 곧 열릴 편집회의 준비를 했다.

이처럼 정해진 일상의 틀은 다른 직업도 마찬가지리라고, 물론 나름대로 특성이 있기는 하겠지만 저마다 틀이 있으리라고 그는 믿었다. 인간은 이런 것을 필요로 한다. 늘 되풀이되는 의례는 바람 잘 날 없는 인생을 그나마 견딜 수 있게 해주는 작은 안전장치다.

이제 이런 일상의 의례로부터 멀어진 헤커는 이 의례를 집에서라도 계속하기로 결심했다. 일단 주방으로 가서 커피머신으로 카푸치노를 한 잔 만들었다. 그리고 카푸치노를 마시며 신문들을 뒤적였다. 늘 해오던 대로 하자고 그는 결연한 표정을 지었다. 그러나 대부분의 기사를 그저 건성으로 읽다가 몇 단락 끝에 다른 기사로 넘어가면서 무의미하게 신문을 뒤적일 뿐이었다.

문득 그는 기사 한 편을 끝까지 읽지 못하는 자신을 발견하고 깜짝 놀랐다. 본래 그는 신문을 매우 주의 깊게 읽는 독자였다. 세상에서 벌어지는 일을 하나라도 놓칠세라 모든 기사를 꼼꼼히 읽던 그였다. 그러나 오늘은 도무지 집중이 되지 않았다. 다시금 불거졌다는 이탈리아 정부의 위기도 그의 관심을 끌지 못했다. 이탈리아는 몇 달마다 새 정부가 들어서는 게 마치 일상처럼 되었으니 놀랄 일도 아니지. 아, 그런데 이 말은 왠지 귀에 익은데? 얼마 전에 누군가 한 말인데? 국립극장에서 새로운 연극이 초연된다는 소식도 헤커의 관심을 끌지 못했다.

이게 어찌된 일일까. 헤커는 궁금함을 참을 수 없었다. 늘 신문 기사를 꼼꼼히 읽었던 그의 열의는 정보를 알고 싶다는 욕구가 아니라 그저 기자로 일하기 위한 도구였을 뿐일까? 단순히 직업 때문에, 직업이 시키는 대로 따랐을 뿐일까? 기자로 일하지 않았다면 지식 욕구는 아예 생겨나지도 않았을까? 그동안 지성인입네 하던 자부심은 결국 먹고살려는 본능에 지나지 않았을까? 자신은 직업의 노예였다고, 직업이 없다면 아무 것도 아니었다는 자괴감이 그를 괴롭혔다. 그는 매일 두 시간을 독서에 할애했다. 하루에 최소한 두 시간 책을 읽는다는 자부심이 있었다. 그런데 그것도 그저 일 때문이었구나. 앞으로도 하루에 두 시간 독서는 당연한 것이라고 생각했던 헤커는 갑자기 붕 뜬 느낌이었다. 하루 일과에서 독서를 지워버려? 그럼 그 대신 뭘 하지?

헤커는 갑자기 우울해진 기분을 달래기 위해 매일 저녁 프란치스카를 위해 요리를 해주겠다던 다짐을 떠올렸다. 곧바로 장을 보러 슈퍼마켓으로 향했다. 걸어서 10분도 채 안 걸리는 거리다. 이제 막 열한 시가 조금 지났다. 평일 이 시간대에 장을 보러 오는 사람이 있을까? 아마도 없겠지. 그러나 막상 슈퍼마켓에 가자 지금껏 알지 못했던 세상을 발견하고는 깜짝 놀랐다. 슈퍼마켓은 장보러 온 사람들로 가득했다. 누가 오전에 장을 볼 시간이 있을까 했던 그는 두 눈으로 똑똑히 목격했다. 모두 자신과 같은 처지의 남자들이었다.

슈퍼마켓은 그야말로 은퇴자의 낙원처럼 보였다. 쇼핑 카트를 상품 진열대 사이로 밀고 지나가는 많은 사람들이 서로 잘 아는지 삼삼오오 모여 서서 수다를 떨었다. 슈퍼마켓과 맞닿은 카페 안은 거의 모든 테이블에 손님이 있었다. 60대나 70대의 여성이 주된 손님이었지만 놀랍게도 남자 역시 적지 않았다. 대개 혼자인 남자들은 커피를 앞에 놓고 하염없이 앉아 있었다. 생선 판매대 앞에서 헤커는 두 고령의 신사들이 다투는 소리를 들었다.

"잠깐!"

그중 한 명이 외쳤다. 당장 상대편이 전투적 자세를 취했다.

"아니, '잠깐'이 무슨 말이오? 나는 지금 장을 보고 있단 말이오!"

"그건 나도 그렇소. 그것도 당신보다 먼저."

"그거야 당신 주장이지!"

"뭐라고? 지금은 내 차례라니까. 다듬은 우럭 두 마리 주쇼."

목소리는 갈수록 커졌다. 상대도 질세라 외쳤다.

"절인 청어 500그램!"

옥신각신은 한동안 이어졌다. 소름이 끼쳐 등을 돌린 헤커는 두 노인네가 큰소리로 계속해서 다투는 소리를 들었다. 대체 뭣 때문에 싸우는 거람. 헤커는 도저히 이해할 수가 없었다. 어느 쪽도 급해 보이지 않았다. 그럼에도 두 늙은이는 정확히 차고 넘치게 가진 것, 곧 시간을 두고 다퉜다. 어처구니없는 노릇이다. 아마도 두 사람은 세월이 갈수록 희박해져 가는 감정, 곧 살아 생동하는 느낌을 붙들려고 안간힘을 쓰는 모양이라고 헤커는 생각했다. 아니면 옛날에 누렸던 잘난 지위를 다시금 확인받고 싶거나. 늘 경쟁하는 익숙한 습관

탓에 저런 사소한 것을 가지고도 남자들은 서로 얼굴을 붉히는 모양이다. 남자들은 어려서부터 경쟁자를 몰아내고 이겨야 한다고 배우니 말이다.

소시지 판매대에서는 어떤 노부부를 봤다. 남편은 손에 든 쪽지에 적힌 것을 읽어가며 아내에게 명령을 내렸다. 리옹 햄 150그램, 훈제 간 소시지 100그램, 얇게 저민 햄 두 조각, 빈 Wien 특산 소시지 두 개. 남편이 불러주는 것을 아내는 점원에게 전달했다.

헤커는 무슨 연극이라도 보는 것처럼 흥미롭게 지켜봤다. 왜 아내가 쪽지를 직접 읽어가며 점원에게 주문하지 않을까? 어째서 남자가 불러줘야만 하는 걸까? 헤커는 곧바로 이해했다. 남자도 역할이 있어야만 하지 않는가. 남편에게 그도 할 일이 있다는 믿음을 심어주려는 아내의 배려일 거라고 짐작하자 괜스레 가슴이 뭉클했다. 아마도 남자는 오래전부터 치매 증상을 보여 홀로 두면 아무것도 못하는 모양이다. 그래서 아내는 남편과 함께 장을 보며 신선한 공기를 쐬어주고 그도 할 게 있다며 과제를 주는 게 아닐까. 남편도 젊었을 땐 20명이나 30명쯤 부하직원을 거느린 부장이었을 수도 있다. 그러나 이젠 쪽지에 적힌 소시지 종류와 무게 말고는 달리 할 말이 없다.

헤커는 이 우스꽝스러운 부부를 보며 이상하게도 서글픈 감정을 느꼈다. 이들의 모습을 보며 영화 「파파 안테 포르타스<u>Pappa ante portas</u>」*가 떠올랐기 때문이다. 로리오가 감독과 주연을 맡은 이 영화에서 대기업의 구매 담당 이사 하인리히 로제Heinrich Lohse는 정신이 깜빡거리는 통에 구매해야 할 물품을 판매해버려 회사로부터 조기퇴직을 당하고 만다. 돌연 직장을 잃은 공허함을 이겨내려 로제는 살림을 돕겠다면서 아내를 졸졸 따라다니며 감 놔라 배 놔라 간섭을 일삼아 가는 곳마다 난장판을 만든다. 헤커는 이 코미디 영화를 관람하며 어찌나 웃었던지 몇 차례나 반복해서 봤다. 그러나 오늘 슈퍼마켓에서 현실로 나타난 영화를 목격하자 그는 도저히 웃을 수가 없었다.

헤커는 오전의 장보기가 또래 노인들의 현실이 어떤 것인지 가르쳐주리라고는 꿈에도 예상하지 못했다. 그가 본 늙은 남자들은 일과 지위를 잃어버린, 직함이 없는 처지에서 여생의 의미를 찾으려 안간힘을 쓴다. 물론 이들은 보기 좋게 실패한다. 헤커는 자신의 모습일 수 있다는 생각에 오싹 소름이 끼쳤다. 얼른 채소 코너로 발길을 옮겼다. 좀체 보기 힘든 살구버섯

---

* 1991년에 발표된 독일 코미디 영화다. 감독과 주연을 맡은 로리오(Loriot, 1923~2011. 본명은 비코 폰 뷜로브(Vicco von Bülow)다)는 문학과 연극, 방송에 걸쳐 활약한 유머 작가다. 귀족 출신이라는 좋은 배경을 마다하고 유머 작가의 길을 걸어 독일 국민에게 높은 인기를 누렸다. 예명 로리오는 프랑스어에서 따온 것으로 '꾀꼬리'를 뜻한다. '파파 안테 포르타스'라는 영화 제목은 "한니발 안테 포르타스(Hannibal ante portas, 한니발 장군이 성문 앞에 진격해 있다)"라는 키케로의 유명한 말에 빗댄 것으로서 '아빠가 성문 앞에서 시비를 벌인다'는 뜻이다.

을 발견하고 기분이 나아진 그는 파슬리와 골파, 생크림 그리고 넓적한 파스타 면을 장바구니에 담았다. 기뻐할 프란치스카를 생각하며 그는 계산대로 향했다.

계산대 앞에는 줄이 늘어섰다. 그 끝에 선 헤커는 한 나이든 손님이 영수증에 하자가 있다며 여성 계산원에게 악다구니를 부리는 것을 들었다. 그 노인은 자신의 뒤에 줄이 늘어선 것을 보고는 더욱 기승을 부리며 은퇴한 노인이라고 멋대로 바가지를 씌워도 되는 거냐고 소리를 질렀다. 천사의 인내심으로 무장한 계산원은 영수증의 항목을 일일이 확인하고 아무 문제가 없다며, 고객님이 항목을 혼동해서 그런 거라고 증명해 보였다. 그러자 문제의 늙은이는 슬그머니 사라졌다.

집에 돌아온 헤커는 다시금 책 더미와 씨름했다. 제목을 다시 들여다보며 보관할지 버릴지 고민했다. 몇 번이고 거듭하며 시간을 보낸 끝에 헤커는 책 한 박스를 자동차에 실어 고서적상으로 갔다. 책방 주인은 책은 받지만 한 푼도 줄 수 없다고 말했다. 너무 오래된 옛날 책들이고 요즘 이런 책에 누가 관심을 가지겠냐고, 이제 조금만 더 지나면 자신과 나이가 같겠다며 너스레를 떨었다. 헤커는 베를린 유머의 섬세함에 새삼 감탄했다. 그는 여기는 고서점이고 '고서적'이라는 말에 이미 과거라는 뜻이 들어가 있으니 이런 책을 사주는 것은 당연한 일이 아니냐고 항변했다. 그러나 그의 항변은 통하지 않았다. 헤커는 책을 다시 집으로 가져가지 않아도 되는 것만으로 만족해야 했다.

집에 돌아와 남은 책들을 책장에 정리하면서 그는 다음번에는 더 철저히 책들을 분류해야겠다고 다짐했다. 넘쳐나는 책들로 대부분의 선반에 책을 두 줄로 꽂아놓아야 했기 때문이다. 이대로 두었다가는 아내가 뭐라 할 게 분명하다. 빨리 정리해야 한다. 이제는 시간이 있으니 그나마 다행이라고 그는 스스로 위로했다. 책상에서 나온 잡동사니를 담은 쓰레기봉투는 일단 건드리지 않기로 했다. 그걸 들여다보다가는 다시금 감상이 끝없이 이어지리라. 그는 봉투를 구석에 밀어두었다. 이건 내일 처리하자.

헤커는 세탁기를 세 번 돌리고 세탁물을 건조대에 널었다. 그는 자신의 살림 솜씨가 만족스러웠다. 시계를 보니 오후 세 시다. 이처럼 시간이 안 가다니, 마치 커다란 구멍이 난 것 같군. 어떻게 해야 이 공허함이 메워질까?

그는 혹시 손주가 있었다면 달랐을까 하는 의문을 품었다. 할아버지가 되면서 완전히 새로운 인생을 만끽하는 친구의 모습을 심심찮게 봤기 때문이다. 손주가 생기면 인생에 새로운 의미는 물론이고 책임감도 생겨나기 마련이다. 늙은 인생에 새로운 생명의 기운이 채워진다고나 할까. 나이가 들어 잃어버린 것만 같았던 미래가 돌연 구체적인 모습과 이름을 얻는다. 헤커는 몇 년 전 한 동료가 했던 말을 떠올렸다. "토마스, 노년에 뭔가 찾아올 거야. 자네는 이런 인생의 선물에 깜짝 놀랄걸."

그 밖에도 그는 유년과 노년이 아주 잘 어울린다고 한 글을 읽은 기억이 났다. 아마도 늙으면서 사람은 어린애가 되어 그런 게 아닐까 생각했다. 하지만 정말 그럴까? 헤커는 의구심을 지울 수가 없었다. 그리고 자신이 정말 손주를 원하는지 확신할 수 없었다. 최근 들어 그는 아이들이 소리를 지르거나 우는 걸 갈수록 참기 힘들어하는 자신을 확인했다. 그러나 자신의 손주라면 그 소리도 음악으로 들릴지 누가 알까?

어쨌거나 손주는 분위기를 확 바꿔놓을 게 틀림없다. 그리고 헤커에게 지금 절실히 필요한 것은 변화다. 물론 그는 자신의 이런 바람이 얼마나 무망한지 잘 알았다. 아들 막스도, 딸 파울라도 헤커를 할아버지 헤커로 만들어줄 생각은 전혀 없어 보이기 때문이다.

묘하게도 지금껏 친구와 지인 가운데 누구도 연락이 없다. 전화도, 메일도, 문자메시지도 없다. 10월 말이면 여행에서 돌아온다고 분명히 말했는데 어째서 이리도 무심하지? 헤커는 슬그머니 섭섭한 마음이 들었다. 하기야 은퇴하고 맞는 첫날이니 방해하고 싶지 않은 모양이지. 그리고 이 첫날이 참으로 특이한 날이라는 걸 알 수 있는 사람은 아마 아무도 없을 거야. 토마스, 나 홀로 집에.

잡지사 3층의 동료들에게 전화를 걸었다. 그러나 아무도 전화를 받지 않았다. 출장을 갔나? 아니면 중요한 회의?

오후 네 시쯤 헤커는 이런 식으로는 안 되겠다고 생각했다. 다음 날 뭘 할지 정확히 계획을 세워두는 태도가 필요하다. 매일 내일을 대비하는 자세가 필요하다. 그래야 오늘처럼 지루하게 보내지 않을 테니까. 계획을 꾸준히 세우다 보면 차츰 이런 태도가 습관이 되겠지. 습관을 다져나가노라면 새로운 인생의 틀이 잡히리라. 그러면 직장 생활을 하며 가졌던 든든함이 되돌아오지 않을까. 이런저런 일을 하고, 휴식을 갖고, 다시 다른 일을 하고, 다음 휴식을 가지며 느꼈던 든든함이.

사람들은 이런 걸 두고 쳇바퀴라 부르겠지만 헤커는 생활의 리듬을 일정하게 유지하는 것이 중요했다. 일상생활의 틀을 잡아 늘 같은 리듬이 이어지도록 해야 혹 다른 것이 나타나도 금세 알아볼 수 있지 않을까. 하필 나이를 먹었을 때 인생의 틀을 새롭게 잡아야 한다는 것은 얼마나 무리한 요구인가. 은퇴는 차라리 힘이 넉넉한 20대에 하는 편이 이성적인 선택이지 않을까. 헤커는 절로 한숨이 나왔다. 이런 힘든 일을 65세에 시작하라고?

"아니, 싫어!"

헤커는 자신도 모르게 큰 소리로 외쳤다. 홀로 주방에 서서 버섯을 다듬으며 이런 소리를 지르는 자신이 괴이하게 느껴졌다. 몇십 년 전 자동차에 붙이고 다니던 스티커의 '원자력, 싫어!'라는 문구가 생각나서 그는 씁쓸하게 웃었다.

"아이들은 해서는 안 되는 일이 무엇인지 아는 경계 설정을 필요로 한다." 얼마 전부터 교육자들의 입에서 자주 듣는 말이다. 지나치게 반反 권위를 강조하는 교육 방식을 비판하며 나온 목소리다. 헤커는 이 주제가 흥미로워 기회가 있을 때마다 관련 기사를 쓰곤 했다. 그래, 맞는 말이다. 하지만 경계는 우리 노인에게 더 필요하다. 노인은 갑자기 모든 경계를 잃고 만다. 모든 것이 새롭고, 익숙한 것은 전혀 없다. 익숙한 습관이라는 지대가 노인에게 허락된다면 얼마나 큰 도움일까. 예전에 헤커는 노인들이 왜 그처럼 정해진 일과에 집착하는지 이상하게 생각하곤 했다. 하루의 질서를 고집스럽게 지키는 이유가 무엇일지 궁금했다.

어린 시절 헤커는 아침이면 정확히 일곱 시에 기상하고, 정오에 점심을 먹어야 하며, 저녁 식사는 반드시 5분 전 일곱 시를 고집하면서, 그 시간에 식탁을 차리지 못하면 어머니에게 불호령을 내리던 아버지를 보며 왜 저렇게 옹졸한지 싶어 몹시 싫어했던 기억을 떠올렸다. 그러나 이제 헤커는 이해할 수 있다. 그처럼 자잘하고 고집스러웠던 아버지의 태도가 경계를 지키려는 안간힘이었다는 사실을! 헤커는 못마땅하게만 여겼던 자신을 용서해달라고 아버지에게 빌고 싶어졌다.

벌써 오래전부터 은퇴 생활을 하는 지인 한 명을 헤커는 떠올렸다. 그 지인은 매일 아침 식사를 하면서 그날의 라디오와 텔레비전 방송을 연구했다. 그리고 자신이 관심을 가질 만한 방송이면 붉은 펜으로 표시를 해두었다. 그게 하루의 새로운 틀을 만들려는 안간힘이었다는 사실을 헤커는 이제야 깨달았다. 아침 토크쇼, 정오의 뉴스, 외신 리포트, 요리 방송, 스포츠 중계, 음악 방송 하는 식으로 관심사를 챙겨야 노인은 세상으로부터 멀어지지 않는다. 그래야 할 일이 없어 생기는 숱한 시간을 그나마 다스릴 방법이 찾아진다. 그 지인은 헤커에게 이렇게 말했다.

"예전에 이런 틀은 일 덕분에 저절로 주어졌지. 하지만 이제 우리는 스스로 만들어내야만 해."

그는 헤커에게 자신과 똑같이 하라는 충고밖에 달리 해줄 말이 없다고 했다. 그때 헤커는 미디어에 하루를 지배당한다는 생각이 끔찍하기만 했다. 그러나 이제는 이 생각이 불합리하지 않다는 생각이 들었다. 새로운 습관을 만들어내는 것, 이것이야말로 노년의 절박한 요구다.

늙음을 다룬 시몬 드 보부아르의 책에도 정확히 이 문제를 다룬 표현이 있다. "역설적이게도 할 일이 없는 사람에게 습관은 직업 활동을 하는 사람보다 더 절실하다. 하루가 무료하게 정체되는 상황에 빠지지 않고자 하는 사람은 자신에게 맞는 고정된 시간표를 만들어내야만 한다. 이로써 그의 인생은 해야 할 일이 있다는 필연적 성격을 얻는다. 노인은 스스로 의무라고 생각하는 과제와 요구로 너무 많은 자유 시간을 채워나가야만 한다. 이런 식으로 노인은 '뭘 하지?' 같은 불안한 의문을 피할 수 있다. 다시 말해서 노인은 매 순간 할 일을 가져야만 한다. 나는 할아버지가 하루를 어떻게 설계하고 실천에 옮겼는지 정확히 기억한다. 신문 읽기, 장미꽃 돌보기, 식사, 낮잠, 산책, 이 모든 것은 정해진 순서대로 이뤄졌다."

헤커는 자신은 그렇게 할 수 없음을 잘 알았다. 집의 발코니는 장미를 키우기에는 햇볕이 너무 부족하다. 신문 읽기도 지금의 거부감이 일시적인 것인지, 아니면 지속적인 감정인지 기다려봐야 판가름이 날 문제다. 아무튼 지금은 매일의 습관으로 만들거나 최소한 규칙적인 일상을 다듬어가기에 적당한 것이 잘 떠오르지 않았다.

내일 해야 할 일을 정리하고 써내려가면서 어쨌거나 시작은 했다고 헤커는 스스로 위로했다. 써놓고 보니 마치 학교의 수업시간표 같다. 이 시간표를 유념해가며 2~3주 정도 계획대로 생활하다 보면 시간표를 환히 외우게 될 것이고, 그러면 매시간 해야 하는 게 무슨 일인지 저절로 떠오르리라.

이런 식으로 해나가자고 헤커는 다짐했다. 그리고 이 시간표를 아예 노트로 만들어놓기로 결심했다. 스위스에서는 이런 것을 '의무 노트'라고 부른다던데. 그는 이런 표현이 마음에 들었다. 내일 곧장 문구점에 가서 노트를 사자. 그리고 표지에 인쇄체로 '의무 노트'라고 커다랗게 써놓자.

노트에는 이런 내용이 들어가리라. 아침 여덟 시 기상! 신문 읽기! 책상에서 나온 잡동사니 정리하기! 사진 정리하기! 컴퓨터와 휴대폰에 저장된 사진은 그 양만 해도 엄청나다. 아무래도 상점에 가서 컬러프린터와 앨범을 장만해야겠다고 헤커는 생각했다. 사진들을 출력해 앨범에 깔끔하게 붙여놓고 싶었기 때문이다.

사진 취향만 놓고 봐도 헤커는 확실히 아날로그 세대다. 하얀 바탕 위에 사진을 가지런히 정리해두어야 넘기며 보기가 좋지 않은가. 앨범을 완성하려면 족히 며칠은 걸리리라. 지하실에도 디지털 이전 시대의 사진이 몇 박스나 쌓였다. 그래, 이제 그걸 정리하는 거야. 헤커는 다짐했다. 아, 지하실 정리. 이것도 문제다. 지하실에는 아주 오래전부터 온갖 잡동사니가 그득히 쌓였다. 그리고 그동안 단 한 번도 정리할 엄두를 내지 못했다. 인간은 왜 그처럼 아무짝에도 쓸모없는 것을 버리지 못하고 쌓아둘까? 이제 그 잡동사니는 쓰레기처리장으로 가야만 한다. 그래, 지금은 이런 일을 할 때다.

시계를 보니 다섯 시가 되기 직전이다. 버섯은 다 다듬었다. 헤커는 사람들이 흔히 하듯 물로 버섯을 씻지 않고 솔로 버섯을 다듬는다. 그래야 버섯이 물컹해지지 않는다. 파슬리와 골파를 잘게 잘라 드디어 요리 준비를 마쳤다. 이제 프란치스카가 귀가해 현관문을 열고 들어서기만 하면 헤커는 준비된 재료들을 프라이팬에 재빨리 볶을 생각이다. 15분이면 요리는 완성된다. 그러나 아직 시간이 많이 남았다.

헤커는 소파에 앉아 책을 집어 들었다. 마르틴 발저의 소설 『제13장』이다.* 이 책은 벌써 1년이나 나이트 테이블 위에 덩그러니 놓여 있었다. 그러나 헤커는 이런저런 이유로 지금껏 독서를 미루기만 해왔다. 드디어 시간이 충분하다. 그는 어느새 어둑해진 거실을 밝히려 조명을 켰다. 그러나 독서도 아침의 신문 읽기와 마찬가지로 좀체 집중이 되지 않았다. 이내 지루해지는 게 아무래도 오늘은 독서하는 날이 아닌 모양이다. 그는 소파에 몸을 파묻었다. 그리고 곧 잠이 들었다.

잠에서 깬 헤커는 자신을 굽어보는 프란치스카의 얼굴을 마주했다. 깨워서 미안하다고 아내가 말했다. 헤커는 펄쩍 뛰었다. 잠든 게 아니고 잠깐 졸았을 뿐이라고, 의도했던 게 아닌데 깜빡했다고 그는 변명했다. 그는 은혜로운 하나님에게 시간을 훔쳐 틈만 나면 잠이나 자는 은퇴자를 아내가 싫어한다는 걸

---

* 마르틴 발저(Martin Walser)는 1927년생의 독일 작가로 자본주의 사회의 병폐를 고발하는 작품을 활발히 써왔다. 『제13장(Das dreizehnte Kapitel)』은 2012년에 발표한 작품이다.

너무나 잘 알았기 때문이다. 곧 저녁 식사를 준비하겠다고, 눈 한번 깜빡할 사이면 준비가 끝난다고 그는 너스레를 떨었다. 프란치스카가 미소를 지으며 물었다.

"그래, 어땠어? 당신의 은퇴 첫날이?"

"아주 좋았어. 할 게 많더군."

헤커는 슈퍼마켓에서 겪었던 일, 책을 분류하고 정리해서 고서적상을 오갔던 일을 아내에게 상세히 털어놓았다.

"재밌네."

프란치스카가 말했다. 첫날을 집에서 서성이며 딱히 할 일을 찾지 못해 지루해하지 않고 잘 이겨내서 좋다고도 했다. 그러자 헤커가 말했다.

"단 1초도 지루할 틈이 없던데."

베를린의 노인들

○

연금도 집도 아내도 없는
늙은 은퇴자들의 현실을 마주하다

노년을 위한? 헤커는 잠깐 실소를 터뜨렸다.
결코 좋은 뜻의 웃음이 아니다.
노년은 언제 시작하는가?
헤커의 노년은 어제 시작되었다.

헤커는 아내가 자신의 말을 믿지 않았다고 생각했다. 그리고 자신이 그걸 알고 있다는 걸 아내는 모르지 않는다. 그러나 아무 말도 하지 않을 뿐이다. 우리 부부는 문제가 있음에도 슬금슬금 피할 따름이다. 여행을 갔을 때도 그랬다. 우리는 그저 아름다운 시간을 망치지 않고 싶었다. 그러나 지금은? 더는 무시할 수도, 숨길 수도, 그냥 멋들어지게 꾸밀 수도 없이 문제는 풀릴 기색을 보이지 않는다.

문제를 거론하지 않는 것은 해봐야 충돌만 빚어지기 때문이라고 헤커는 생각했다. 슈프레 강가의 집에 늙은이가 홀로 도사리고 앉아 뭘 어떻게 했으면 좋을지 몰라 전전긍긍하는 모습을 두고 이야기해봐야 서로 속만 상하기 때문이다.

그럼에도 헤커는 다음 날 자신에게 약속한 대로 아침 여덟 시에 기상했다. 그리고 신문을 읽기는 했지만 예전의 열의는 좀체 살아나지 않았다. 그래도 어쨌거나 30분 동안은 신문을 읽었다. 그런 다음 그는 전화를 걸어 구독하던 세 종의 일간지 가운데 두 개를 끊겠다고 통보했다. 비록 쓰라리기는 했지만 절약을 위해서는 어쩔 수 없는 선택이다. 이런 계약 해지가 더욱 불행하게만 여겨진 이유는 자신의 새로운 현실이 실감나게 다가왔기 때문이다. 그는 직업을 잃었다. 토마스 헤커, 전직 편집자.

헤커는 오늘 계획했던 일을 떠올리고 작업실로 가서 직장 생활의 잔재를 담은 쓰레기봉투와 씨름했다. 다시금 옛 일정표의 기록들이 불러내는 추억에 사로잡힌 그는 색이 바래 누렇게 된 원고를 읽었다. 그러다 '금지 단어' 목록을 다시 발견하고는 문득 이런 식으로 과거에 발목이 잡히는 게 금지라는 걸 깨달았다. 그는 봉투를 들고 계단을 내려가 쓰레기 컨테이너에 던져 넣었다.

다시금 과거를 떨쳐버렸다는 생각에 헤커는 홀가분한 승리감을 느꼈다. 버릴 줄 알아야 새로운 힘이 생겨난다. 새로운 힘을 충전한다는 건 참 아름다운 말이라는 생각이 들어 가슴이 뿌듯해졌다.

계속 힘을 충전하려고 그는 계획에 따라 상점으로 가서 디지털 사진을 출력할 프린터를 구입하고, 문구점에서는 두 권의 두툼한 앨범을 구입했다. 한 권은 붉은색 표지, 다른 한 권은 검은색 표지다. 그 많은 사진에 두 권만으로는 턱없이 부족하지만 어쨌거나 첫걸음은 뗐다. 지금 헤커에게 필요한 것은 첫걸음을 떼는 일이다.

계획을 실천하고자 헤커는 다시금 슈퍼마켓을 찾았다. 전날의 경험이 예외가 아니었음을 확인하며 그는 저녁에 먹을 스테이크 고기를 구입했다. 장을 보고 나와서는 슈퍼마켓 맞은편의 간이매점에서 커리부르스트*를 주문했다. 간이매점에는 헤커와 같은 연령대의 남자들이 헐렁한 옷차림으로 맥주병을 손에 들고 서서 웃고 떠들었다. 남자들이 하는 이야기로는 오늘 슈퍼마켓에서 어떤 두 남자가 싸움을 벌인 모양이다. 두 노인이 머리끄덩이를 잡고 드잡이를 했다는데 왜 싸움이 벌어졌는지 정확한 이유는 누구도 몰랐다. 아무튼 멍청한 늙은이들 같으니.

"우리도 마찬가지죠. 늙으면 다 비슷해지나 봐요."

헤커가 옆에서 거들자 한 노인이 물었다.

"여기 처음이슈? 못 보던 얼굴인데."

"네. 은퇴한 지 이틀 되었습니다."

---

* 커리부르스트(Currywurst)는 소시지를 기름에 튀겨 카레 가루를 발라 먹는 베를린 지방의 고유한 음식이다.

"아이고, 신참이구먼. 처음이 힘들지. 나는 벌써 5년째라오. 그럭저럭 나아질 거요. 내 말 믿으슈."

"못 믿겠네요. 갈수록 나빠지는 것만 같아서."

"아니, 나아진다니까."

헤커는 그렇지 않다고 하소연했다. 일자리가 없는 인생은 감당할 수 없음을 이틀 동안 분명히 깨달았다면서 나아질 기색이 보이지 않는다고 했다.

"은퇴 전에 무슨 일을 하셨소?"

"기자였어요."

헤커는 마지못해 과거형으로 대답했다.

"오, 고급 인력이었네. 그래, 연금은 얼마나 받아요?"

"1,180유로요. 하지만 의료보험을 빼고 나면 정말 보잘것없는 액수죠."

상대방은 헤커의 얼굴을 물끄러미 바라보았다. 그러고는 옆에 서 있던 세 남자들에게 말했다.

"1,180유로라는데. 연금 왕이 오셨네!"

모두 웃었다. 헤커는 그에게 얼마나 받느냐고 물었다.

"연금은 안 받소. 그저 기본 보장이랄까. 아마도 당신은 이 단어를 모를 거요. 어쨌거나 내 나이에 많은 건 아니오."

그는 젊은 시절 자동차 정비를 배웠다고 말했다. 그러나 견습 3년째에 집어치웠다고 했다.

"머리에 헛바람이 잔뜩 들어서 그냥 세상 구경이 하고 싶었소. 여행을 다녔지. 일은 그때그때 닥치는 대로 하고. 호주머니에 돈 좀 모였다 싶으면 다시 여행을 가곤 했소. 연금 따위는 부을 수도 없었고."

그런 식으로 그는 몇십 년을 살았다고 했다. 그러다 40대 말이 되어서야 비로소 고정된 일자리를 얻었다며.

"저기, 저 주유소에서 일했소. 알죠? 그래도 자동차는 있을 것 아니오?"

"네, 아직은."

"그리고 마누라도 있을 거고. 아름다운 집도."

"음."

헤커는 무어라 말해야 좋을지 몰라 말을 삼켰다. 그 남자는 주유소 시절이 썩 나쁘지 않았다고 했다. 주로 계산대에 앉아 있었으며 그 밖에 허드렛일도 자신의 몫이었다. 주유소에서 일하는 것은 사람들과 항상 접촉할 수 있어 마음에 들었다고 그는 말했다.

"보수는 형편없었지만 그런 대로 지낼 만했지. 은퇴하고 나니 그 시절이 그립네."

"그럼 생활은 어떻게? 그러니까 내 말은 생활비는 어떻게 충당하느냐고."

헤커는 이렇게 말하며 자신도 은근슬쩍 말을 놓았다.

"생활은 별거 아니야. 그냥 이것저것 닥치는 대로 해결하는 거지."

대개는 인근에 있는 카센터에서 잔일을 돕는다고 했다. 물론 당국에 신고되지 않은 불법노동이다. 그런 식으로 버는 돈은 몇 유로라 언급할 가치조차 없다고 그는 말했다. 그러나 다른 노인들도 거의 비슷하게 지내니까 자신은 불평할 일이 없다며 다른 두 남자를 손가락으로 가리켰다.

"저쪽은 68세로 건너편 신디 살롱Cindy Salon에서 미용사로 일했지. 이 친구는 작은 회사의 경리 사원이었고. 당신은 이들이 연금을 얼마나 받을 거라고 생각해?"

헤커는 짐작이 가고도 남았다. 말 그대로 기본 보장이겠지. 한 노인이 끼어들어 베를린은 은퇴한 노인이 살기 좋은 곳이라고 말했다. 어디를 가든 부담 없이 한 끼 때울 간이매점과 슈퍼마켓이 즐비하고 슈프레 강둑에 가면 같은 처지의 노인들과 어울리기 좋다나. 그는 점심때마다 여기 오는데 사람들이 개방적이어서 좋다고 했다. 헤커는 개방적이라고 말하는 그의 발음이 꼭 '깨방정'처럼 들렸다.

헤커는 또 오겠다고 말하고는 집으로 돌아왔다. 오는 길에 그는 베를린이 자신의 상황에 맞는 정말 이상적인 도시라는 생각을 했다. 어려운 처지에 베를린만큼 목에 힘주고 지낼 수 있는 곳은 따로 없다. 헤커는 간이매점의 노인들에게 호감을 느꼈다. 술주정뱅이에 노숙자 신문을 파는 노인도 있었지만 어딘지 모르게 정겨웠다. 동시에 헤커는 자신과 그들 사이가 꽤 먼 것처럼 느껴졌다. 그렇지만 같은 또래끼리 입씨름을 벌이는 게 젊음을 지켜준다고도 생각했다. 그리고 입씨름을 벌이기에 베를린만큼 좋은 곳은 없다.

한때 프란치스카는 독일 남서부로 이사를 가면 어떻겠냐고 조른 적이 있었다. 프라이부르크 출신인 아내는 기회가 있을 때마다 헤커를 그곳으로 데려가 구경시키곤 했다. 평화로운 풍경, 라인 계곡과 슈바르츠발트 계곡 사이로 끝없이 펼쳐지는 낮은 언덕의 물결, 와인 4분의 1병을 2.80유로면 마실 수 있는 선술집 그리고 고급 레스토랑들. 게다가 그곳은 독일에서 가장 햇살이 풍부한 지역이다. 그럼에도 헤커는 그런 노후 계획에는 찬성할 수 없다고 했다. 거기서 대체 뭘 하란 말인가? 텃밭을 가꿔? 토마토를 키워? 장미를 심을까? 그럼에도 프란치스카는 그곳으로 이사 갔으면 하는 생각을 포기하지 않았다.

집으로 돌아온 헤커는 높다란 창문으로 슈프레강을 내려다보며 부끄러워지는 자신을 느꼈다. 커리부르스트 가게에서 만난 남자는 헤커를 '연금 왕'이라 불렀다. 틀리지 않은 말이다. 자동차에 아름다운 집 그리고 1,180유로의 연금. 게다가 헤커는 기자 조합으로부터 받는 약간의 연금은 언급조차 하지 않았다. 이 무슨 특권인가! 그럼에도 계속 불평을 늘어놓는 자신이 부끄러웠다. 하기야 특권은 상대적인 문제다. 헤커는 가까스로 스스로 위로했다.

그는 계획한 대로 사진을 분류하고 앨범에 붙이는 일을 시작했다. 그런데 갑자기 짜증이 났다. 이런 일은 그저 무의미하게 시간이나 때우는 것이라는 생각에 그는 앨범을 옆으로 밀어버렸다. '시간 죽이기'는 그가 정말 혐오하던 말이다. 아니, 사진 정리는 최소한 늙음에 그 어떤 의미를 부여해주지 않을까?

노년을 위한? 헤커는 잠깐 실소를 터뜨렸다. 결코 좋은 뜻의 웃음이 아니다. 노년은 언제 시작하는가? 헤커의 노년은 어제 시작되었다.

어쨌거나 그는 사진 정리는 미루기로 결심했다. 내일도 날이다. 아, 이 무슨 소리야. 내일은 1년일 수도 있다. 헤커는 기왕 이렇게 된 것, 특권을 즐기자고 결심했다. 그는 냉장고로 가서 와인 한 병을 꺼냈다. 독일 남서부 지역 카이저슈툴에서 만든 피노 블랑Pinot blanc이다. 그곳에 프란치스카의 친척이 한 명 있다는 생각을 하며 헤커는 이 화이트와인을 한 잔 가득 따랐다. 이제 정말 왕이 된 기분이다.

그는 직장 생활을 하는 동안은 대낮에 절대 술을 마시지 않았다. 낮술은 반사회적 행위라고 생각했다. 그리고 낮술은 일을 하지 못하게 만든다. 하지만 지금은 예외다. 여행 가서는 아내와 낮술을 나누곤 하지 않았던가. 지금은 휴가와 다를 바

없다. 영원한 휴가. 일로부터의 해방이 나쁘지만은 않구나. 헤커는 미소를 지었다. 최소한 와인만큼은.

한 잔 다 마시자 그는 또 잔을 채웠다. 밝은 대낮의 술기운에 자극을 받아 3층의 편집부 친구에게 전화를 걸었다. 무슨 이야기든 하고 싶었다. 비록 잡담일지라도 말이다. 이번에는 친구가 전화를 받았다.

"퇴역한 토마스 헤커일세."

"아하, 은퇴 신사!"

친구는 어떻게 지내냐고 물었다. 헤커는 자유가 이런 거라며 화답했다. 휴가 여행은 어땠냐는 친구의 질문에 헤커가 이야기를 시작하려고 하는데, 친구가 마침 전화 받기 곤란한 때라고 말했다. 지금은 시간이 없다며 그는 양해를 구했다. 기사 두 편을 작업해야 하는데 무척 까다롭다고, 내일 휴가 여행을 가는데 2주 동안 이탈리아의 움브리아로 가기 때문에 빨리 편집을 끝내야 한다고 했다. 그러면서 그는 움브리아에서는 친구의 집에서 묵을 예정인데 첩첩산중이라 한갓지게 쉴 수 있다며 좋아했다. 요즘 살인적인 스트레스에 시달려 이런 휴식이 꼭 필요하고, 게다가 그곳은 11월에도 따뜻하니 얼마나 좋으냐고도 덧붙였다. 돌아오면 곧바로 만나자고 친구는 헤커를 달랬다. 아주 멋진 요리를 해주겠다면서.

"좋지."

헤커는 한숨을 쉬며 답했다.

"나도 뭐 하나 해가지고 가겠네."

헤커는 세 번째 잔을 채웠다. 이거, 너무 많이 마시는데. 그는 혀를 찼다. 오후 세 시가 조금 지난 시간이다. 헤커는 어제처럼 소파에 편하게 누워 마르틴 발저의 책을 손에 잡고는 곧바로 잠에 빠졌다.

다섯 시쯤 깨어난 헤커는 입에서 고약한 입맛이 나는 것을 느꼈다. 그는 머리를 세차게 흔들며 이 고약한 입맛이 온몸을 사로잡았음을 확인했다. 나쁜 기운의 냄새, 불행의 후광이 그를 감쌌다. 헤커는 얼른 샤워를 했다. 프란치스카가 곧 돌아올 텐데 이런 몰골을 보여주고 싶지 않았다.

샤워를 마치고 헤커는 양파를 다듬고 오이 절임을 만들고 스테이크 고기를 손질해 계란 노른자와 섞었다. 소금과 후추를 넣고 버무려 재료를 냉장고에 넣었다. 프란치스카는 평소와 다르게 좀체 귀가하지 않았다. 그녀는 거의 아홉 시가 되어서야 돌아왔다.

"어땠어?"

아내가 물었다.

"뭐, 그냥저냥."

"말해봐."

"특별한 건 없어. 당신은?"

"살인적인 스트레스야."

아내의 이 말에 헤커는 요즘 살인적인 스트레스가 유행인 모양이라고 생각했다. 다른 사람들은 계속 살인적인 스트레스에 시달리고 있구나. 나만 빼고.

"살인적인 스트레스야."

프란치스카는 거듭 이렇게 말하며 오늘 계약을 세 건이나 했다고 설명했다. 그리고 모두 모레까지 번역해달라고 했단다. 늦어도 사흘 뒤에는 완역된 것을 받기를 바란다며 그녀는 고개를 절레절레 저었다.

"못 해. 절대 못 한다고."

일거리가 넘쳐날 때 도와주던 동료마저 아프다고 그녀는 한숨을 쉬었다. 그럼에도 그녀는 왕성한 식욕으로 저녁을 먹었다. 헤커는 오늘 새 친구가 생겼다고 말했다. 이름은 아직 모르지만 매일 슈퍼마켓 맞은편의 간이매점에서 커리부르스트를 먹는 남자라고 했다. 그와 이야기를 나누는 게 즐거웠다고도 했다.

"그냥 은퇴를 주제로 한 대화였어."

어째 집 안에서 나쁜 냄새가 난다고 프란치스카가 눈을 동그랗게 떴다. 그녀가 쓰레기를 버렸냐고 묻자 헤커는 깜빡했다며 내일 버리겠다고 했다. 그럼 빨래는? 빨랫감 역시 산처럼 쌓였다. 헤커는 빨래 생각을 미처 못 했다고 말했다.

"그것도 내일 할게."

"식기세척기 안에도 모두 그대론데?"

"어이쿠."

"하루 종일 대체 뭐한 거야?"

프란치스카는 이렇게 물었지만 당장의 일 걱정에 진짜 관심이 있는 건 아니라고 헤커는 생각했다. 아내는 바로 침대로 가겠다면서 내일은 생각만 해도 소름이 돋는다고 말했다. 헤커가 대꾸했다.

"그게 바로 당신과 나의 차이야. 나는 내일 자유야. 그리고 자유 때문에 소름이 돋는 사람은 없지."

날 좀 내버려둬

。

멈춰버린 시간과 무력감에 사로잡히다
이제 모든 것이 끝인가?

주방으로 간 그는 식탁 위에
붙어 있는 쪽지를 봤다.
쪽지에는 이렇게만 쓰여 있었다.
'오늘부터 마리타네서 지낼 것임.'

"그거, 마음먹고 그러는 거야?"

프란치스카가 물었다. 헤커는 무슨 말인지 몰라 어리둥절한 표정을 지었다.

"수염 말이야. 적어도 닷새는 면도를 안 한 것 같아."

"뭐 어때서. 수염 기른 게 더 멋지지 않아?"

헤커는 반문했다. 예전에도 면도 안 하고 돌아다녔고 요즘 젊은이들도 흔히 그러지 않느냐고 했다. 프란치스카는 어처구니가 없다는 표정으로 헤커를 쳐다봤다.

"젊은이라고?"

아내는 지금 무슨 말을 하고 있는지 알고는 있느냐는 투로 물었다. 그녀는 덥수룩하고 하얀 털 탓에 반점이라도 찍힌 것처럼 얼룩얼룩한 수염을 보니 최근 사임한 어떤 정치가처럼 보인다며, 그 정치가의 이름이 떠오르지 않는다고 했다. 헤커가 대답해주었다.

"플라체크."[*]

"그래, 맞아. 칠칠치 못한 게 그 사람과 닮았어."

"그거야 내 문제지."

헤커는 투덜댔다. 늙은 남자들은 대체로 수염을 기른다고, 슈퍼마켓의 노인들도 그렇고 옛날부터 아침에 면도하는 게 정말 싫었다고 그는 계속 볼멘소리를 했다. 드디어 면도를 안 해서 좋기만 한데 왜 그걸 가지고 뭐라고 하냐고도 했다.

"깔끔하게 꾸미는 건 몇십 년 동안이나 해왔잖아."

헤커는 이렇게 말하며 수염을 기르는 것은 자신의 문제라고 고집을 피웠다. 프란치스카가 맞받아쳤다.

"그렇지 않아. 매일 당신 얼굴을 봐야만 하는 사람은 바로 나니까."

프란치스카의 말이 옳았다. 수염은 유행하고는 전혀 상관이 없다. 첫째, 수염은 게으름 탓이다. 둘째, 은퇴라는 새로운 상황이 수염을 기르게 만들었다. 어차피 자신을 볼 사람은 아무도 없고 누구도 자신에게 관심을 가지지 않는데 외모야 아무려면

---

[*] 마티아스 플라체크(Matthias Platzeck)는 1953년생의 독일 정치가로 브란덴부르크주의 총리를 지낸 인물이다. 2013년 건강상의 이유로 정계 은퇴를 선언했다.

어떠냐는 게 그의 심사였다. 날이 갈수록 자신이 투명해지는 것만 같은 느낌이 수염을 아무렇게나 기르게 만든 주범이다.

은퇴 생활은 3주째로 접어들었다. 헤커의 일상은 변하기 시작했다. 그는 아침에 프란치스카와 함께 일어나 아침을 먹지 않았다. 그게 아내에게 편할 거라는 생각도 했다. 그래서 그는 아홉 시, 심지어는 열 시까지 잠을 잤다.

헤커는 주변이 적막해졌다고 느꼈다. 며칠 전부터 전화벨 한 번 울리지 않는다. 이따금 딸 파울라만 전화했을 뿐이다. 메일도, 문자메시지도 없다. 은퇴 전만 하더라도 그는 세상이 왜 이리 시끄러우냐고 불평했다. 끊임없이 울려대는 전화벨, 휴대폰의 삑삑거리는 기계음, 늘 시끌벅적해서 정신 사납게 만들던 사람들, 아무튼 이런 식으로 시끄럽던 세상이 돌연 적막해졌다. 그리고 헤커는 이런 적막함이 단순한 조용함이 아니라 자신에게 내려진 심판 같았다. 누구도 네게 뭘 원하지 않아. 너를 필요로 하는 사람은 아무도 없어. 그러므로 너는 무가치해.

적막함에 사로잡힌 인생은 마치 짙은 안개가 낀 지대를 지나는 것처럼 비현실적으로 보였다. 적막함은 술과도 관련이 있었다. 오후에 화이트와인을 마시는 것은 이제 습관이 되었고 저녁에 레드와인을 마시는 경우도 잦아졌다. 점심때면 헤커는 슈퍼마켓 맞은편의 간이매점을 찾았다. 거기서 커리부르스트에 맥주를, 대개는 두 잔까지 곁들였다. 헤커는 하루빨리 이런 무의미한 음주를 멈춰야 한다는 걸 잘 알았다. 그냥 새로운 생활에 적응할 때까지만 마시는 거야. 그는 둘러댈 뿐이었다.

적응한다고? 이처럼 하루하루를 헛되이 보내는 것에? 나는 하루를 무화無化하는 인간이야. 헤커는 자책했다. '무화'라는 단어를 그는 늘 흥미롭게 생각했다. 없음으로 만듦, 있는 것을 지워버림.

프란치스카는 이미 오래전부터 남편이 매일 술을 마신다는 걸 눈치챘다. 퇴근해 집에 돌아오면 잠을 자고 있거나 술에 취한 남편을 봤다. 당연히 매일 저녁 식사를 준비하겠다던 약속은 거의 지켜지지 않았다.

"토마스, 부탁 하나 들어줄래…"

헤커는 아내의 말을 잘랐다.

"알았어. 식사 준비에 소홀하지 않을게."

"식사를 말하는 게 아니야."

"그럼 무슨 부탁?"

"토마스, 문제는 당신이야."

프란치스카가 엄숙한 표정을 지었다. 헤커도 수긍했다.

"그래, 알아. 나도 내가 문제야."

헤커는 아무 말도 하지 않았다. 안개는 더욱 짙어졌다. 그는 자신이 몇 주째 구멍에 빠져 거기서 빠져나오지 못하고 있음을 알았다.

외로움을 헤커는 과소평가했다. 은퇴 생활 초기만 하더라도 그는 매일 누군가를 만나고, 카페에서 담소를 나누고, 산책도 하는 것을 상상했다. 또 베를린에서 이제껏 알지 못하던 장소를 발견하면 재미있겠다는 상상이 매우 짜릿했다. 이미 베를린에서 오랫동안 살았지만 그가 한 번도 가보지 못한 구역은 곳곳에서 나타났다. 낮에는 지인들을 만나고 저녁에는 프란치스카와 즐겁게 보내야지. 그는 다짐했다. 그러나 지금 그는 이중으로 헤매고 있다.

일단 만날 수 있는 지인이 없음이 분명해졌다. 그들은 일하느라 헤커와 만나줄 시간이 없다. 천천히, 헤커는 자신의 남은 삶이 외로운 날이 되리라고 확신했다.

헤커의 낮에 드리웠던 안개는 저녁까지 걷히지 않았다. 프란치스카가 제안한 일들, 영화, 연극, 친구 만나기, 친구 초대하기가 그는 심드렁하기만 했다. 마치 눈에 보이지 않는 어떤 힘이 자신을 소파에 눌러 앉히는 것 같다고 그는 말했다. 이에 할 말을 잃은 프란치스카는 홀로 외출하곤 했다. 많은 경우 그녀는 노골적으로 화를 냈다.

"토마스, 당신을 더는 알아볼 수가 없어. 예전의 당신은 어디로 갔지?"

그녀는 답답함을 참지 못하겠다고 했다. 프란치스카는 저녁에 홀로 외출하는 일이 잦아졌다. 친구들을 만나 시간을 보냈고, 집에 있더라도 스페인 영화와 잡지만 보고 읽었다. 그녀 역시 말수가 줄어들었다.

"점심때마다 그 커리부르스트 가게에 정말 가는 거야?"

어느 날 프란치스카가 문득 이렇게 물었다.

"응, 자주 가."

"그 노인네들과 어울린다고?"

"그럼 물론이지. 그때가 웃는 유일한 시간이야."

헤커는 살림도 거의 하지 않았다. 할 일은 태산처럼 쌓여갔다. 청소부는 이미 오래전부터 오지 않았다. 그는 집 안의 일거리는 자신이 해결하겠다고 장담했지만 약속은 지켜지지 않았다. 매일 이래서는 안 된다고, 처음의 계획을 충실히 지켜야 한다고 다짐했지만 소용이 없었다. 헤커는 주말에 걸레를 들고 청소를 하거나 세탁기를 돌리는 프란치스카를 보며 그녀가 온몸으로 자신을 비난하고 있다는 생각에 가슴이 철렁했지만, 이런 후회도 그때뿐이었다.

사진 앨범을 정리하는 일도 제대로 이뤄지지 않았다. 헤커는 거듭 정리를 시작했지만 몇 분 지나면 다시 손을 놓고 상념에 빠진 자신을 발견하곤 했다. 책장이 어지러운 것이야 두말할 필요도 없다. 지하실은 아예 손도 대지 못했다. 헤커는 몇 차례 피트니스 센터를 찾아갔지만 운동을 하면서 기대하는 효과는 전혀 나타나지 않았다. 운동을 끝낸 뒤에는 시원하면서도 일말의 자부심이 생겨나야 하는데 기대가 충족되지 않자 점점 시들해졌다. 아마도 그 원인은 은퇴자의 형편에 비해 너무 비싼 등록비가 아닐까 헤커는 생각했다. 매달 79유로는 그가 감당할 수 있는 수준이 아니었다. 틀림없이 더 싼 곳이 있고 심지어 은퇴 증명 카드를 내밀면 할인을 해주는 곳도 있을 거라는 생각에 그는 마음이 편치 않았다.

헤커의 나날은 흐르지 않고 고여버렸다. 마침내 그는 평생 쓰지 않던 단어로 심경을 토로했다. 지루하다. 나는 지루하다. 헤커는 이렇게 중얼거렸다. 토마스 헤커는 견딜 수 없이 지루하다. 이런 지루함을 어떻게 이해해야 좋을까? 헤커는 자신이 지루해한다는 것을 실토하기가 힘들었다. 지루함을 인정하는 것만으로도 치욕이기에 절대 말해서는 안 된다고 여겼다. 요즘 사람들은 공개적으로 지루하다는 말을 하지 않는다. 자신이 지루하다는 공개적인 고백은 없다. 아마도 이런 고백은 본인이 지루한 인간이라는 실토일 수밖에 없기에. 또는 지루함을 인정하는 사람은 소중한 날들을 무료하게 허비하는 게으름뱅이라는 의심을 받을 수밖에 없기에.

물론 헤커는 자주 집 밖으로 나가기는 했다. 계단을 내려가 강둑을 따라 걸으며 활동적인 시절 아내와 함께 그곳을 달리던 기억을 떠올렸다. 강가를 산책하다 만난 벤치에 앉아 구름 사이로 비치는 11월의 햇볕을 쪼이며 그는 하염없이 강물을 바라봤다. 강 양옆의 제방에 어지럽게 그려진 그라피티도 그의 눈길을 사로잡는다. 강물 위에 백조들이 유유자적 무리를 짓는 모습을 바라보며 헤커는 자신이 저 백조들 가운데 한 마리였으면 좋겠다고 생각했다. 하얀 털을 자랑하며 고개를 꼿꼿이 세운 채 마치 아무것도 하지 않는 것처럼 보이는 모습은 조금도 힘들어 보이지 않았다. 저 무심한 백조들은 한가로움을 마음껏 뽐내고 있다. 헤커는 그 의젓한 품위가 부러웠다.

그래, 나는 품위를 잃어버리기 시작했어. 헤커는 씁쓸한 미소를 지었다. 아니, 이미 잃어버린 것일 수도 있다. 노년이 품위를 선물한다는 글은 얼마나 많던가. 고대의 작가들은 노년을 찬양하는 숱한 글을 썼다. 노년을 혼탁하기만 한 세상으로부터 정화되어 성숙해가는 과정으로 바라보는 글을 읽으며 헤커는 자신도 그렇게 늙어가기를 간절히 소망했었다. 세네카는 노년이야말로 "평안함이 넘쳐나는 인생의 우아한 순간"이라고 썼다. 육신에 사로잡혀 있던 영혼이 늙어가며 자유롭게 풀려나 영원한 젊음을 누리기 때문이다. 키케로 역시 정신의 놀라운 성숙에 비하면 몸이 쇠약해지는 것은 별 문제가 되지 않는다고 주장했다. "노인은 그 본성에 있어 철학자다."

자신은 아직 그렇게 늙지 않은 것인지, 헤커는 한숨을 쉬었다. 하지만 은퇴 증명 카드는 늙었다는 확실한 증거가 아닌가. 그러면 혹시 나의 본성은 다른 것일까. 헤커는 더욱 속이 쓰라렸다. 어쨌거나 정신이 성숙했다는 조짐은 거의 찾아볼 수 없다. 그리고 그가 아는 몇 안 되는 또래 역시 정신이 성숙했다고 말하기는 어렵다.

늙는다고 해서 모두 같은 늙음은 아닌 모양이라는 생각에 헤커는 철학과는 거리가 먼 비약을 일삼는 자신이 부끄러워졌다. 노년을 찬양하는 글을 썼던 저자들, 이를테면 로마의 키케로와 세네카, 그리스의 플라톤과 솔론은 모두 상당한 재력을 자랑했다. 세네카는 당대 최고의 부자였다. 이런 부유함을 누리는 사람에게 노년은 얼마든지 선물처럼 여겨질 수 있다. 그러나 이들을 위해 식사를 마련하고 집을 청소한 사람들은 노년을 전혀 다르게 받아들였을 게 틀림없다.

헤커는 노년의 성숙이 자신에게 무슨 선물을 가져다주었는지 자문했다. 혼탁한 세상으로부터 벗어나 정신이 맑아지는 정화? 헤커는 그게 무슨 소리인지 알 수가 없었다. 정화라니, 자신은 전혀 정화되지 않았다. 오히려 늙음은 그에게 일련의 상실을, 어쨌거나 지금까지는 상실만 안겼을 뿐이다. 무엇보다도 일자리를 잃었다. 그리고 수입의 대부분이 날아갔다. 이는 곧 생활수준의 저하로 이어졌다. 당연한 것처럼 여겼던 동료와의 대화, 일상의 만남은 깨끗이 사라졌다.

기자로서 자연스럽게 접하던 정보의 흐름 역시 끊기고 말았다. 늘 자신이 그 한 축을 이룬다고 자부해왔던 뉴스의 네트워

크는 더는 존재하지 않는다. 은퇴한 지 불과 며칠 만에 그가 40년을 봉직한 회사는 헤커의 메일 주소를 지워버렸다. 통신사가 연결해주던 고리는 끊어져버렸다. 이제 그는 정보를 접할 길이 없다. 인생은 자신과 상관이 없는 곳에서 여전히 활기를 자랑한다는 생각에 그는 가슴이 북받쳤다. 이제 헤커의 세상은 시골 마을보다 못하게 졸아들었다. 슈프레 강둑, 슈퍼마켓, 간이매점, 거실 소파. 정말 이게 다인가? 모든 것이 끝나버렸는가? 그렇다, 끝났다.

이 모든 상실과 맞바꾸고 얻은 건 정녕 아무것도 없을까? 노년의 선물? 헤커는 그런 것을 찾아낼 수 없다. 노년의 지혜? 그런 것도 없다. 물론 헤커는 직장 생활을 하면서 예전에는 없던 많은 능력을 선물받기는 했다. 사람들을 알아보는 안목이 좋아졌으며 젊었을 때와 다르게 주어진 상황을 평온하게 받아들일 줄 아는 능력도 생겼다. 중요한 것과 그렇지 않은 것을 가려볼 줄 아는 능력 역시 늙어가며 터득한 지혜임은 분명하다. 심지어 약간의 여유를 누릴 수 있는 경제적 풍요도 맛봤다.

그러나 이런 것에 만족하기에 노년은 너무나 뼈아팠다. 노년의 여유라고 떠받들어지는 것이 실제로는 느려진 행동, 쉬 지치는 몸, 줄어드는 활동, 심지어 줄어든 지적 욕구일 뿐이지 않을까? 아니, 노년의 지혜는 아직 요원하기만 하다고 헤커는 한숨을 쉬었다. 노년에 누리는 최고의 지혜는 자신의 상황을 받아들이고 불평하지 않는 것, 인생이 이제 세월과 더불어 첫 번째 쉼표를 찍는 것이라고 인정하는 태도다.

헤커는 흔히 이제는 목표에 도달했지 않았느냐고, 끊임없이 쳇바퀴 돌듯 하는 인생에서 벗어나지 않았느냐는 위로의 말을 들었다. 그러나 그는 이런 견해에 동의할 수 없었다. 여전히 쳇바퀴 안에 남아 있고 싶었다.

"이제 더는 못 듣겠어."

어느 날 저녁 프란치스카가 말했다.

"끝없는 넋두리, 그칠 줄 모르는 한탄, 그 처연한 자기 연민을 더는 참을 수가 없어."

"나도 그래."

"그럼 그만둬. 제발 뭔가 좀 하라고!"

프란치스카는 보기 드물게 언성을 높였다.

"이 세상에 은퇴자가 당신뿐이야? 영화를 보든 오페라 표를 사든, 아님 비행기 표를 끊어 파리나 로마로 가서 주말을 보내든지 해. 제발 밖으로 좀 나가라고! 벌건 대낮에 술을 마셔야만 한다면 차라리 술집에 가. 그렇게 멍하니 앉아 허공만 노려보는 것보다 훨씬 나을 거야."

그러면서 제발 그 흉한 수염 좀 깎으라고 아내는 통사정을 했다. 헤커는 맞은편에 앉아 아내의 얼굴을 바라보며 아무 말도 하지 않았다.

"뭐라고 말 좀 해봐. 언제까지 그렇게 침묵할 건데!"

헤커는 침묵할 뿐이었다.

다음 날 헤커는 11월의 얼음 같은 찬바람이 부는 날씨에 차를 끌고 회사로 갔다. 건물 입구에서 그는 아는 얼굴을 만났다. 이렇게 뵙다니 반갑네요, 새로운 자유를 어떻게 누리고 계신가요, 수염을 다 기르시고 참 흥미로운 변화네요, 어쩌고 해가며 그 직원은 수염이 덥수룩한 헤커의 얼굴을 바라봤다.

"이 수염이 새로운 자유죠."

헤커는 이렇게 말하며 외신부의 친구들을 보러 왔다고, 점심때 들러야 방해가 안 될 것 같아 지금 왔다고 했다.

"오, 그럼 서두르셔야겠네요."

그는 오후 세 시에 직원 총회가 열릴 예정이라고 했다. 갈수록 상황이 더 나빠지는 바람에 회사의 미래를 두고 회의가 열릴 거라면서. 헤커는 서둘렀다. 그를 본 동료들은 격한 환영의 인사와 함께 커피를 내왔다. 왜 그렇게 수염을 길렀느냐고, 마침 흥미로운 소식이 있다고 그들은 떠벌렸다.

"그런데 왜 하필 지금 왔어? 오늘 직원 총회가 열리거든. 준비할 게 태산이야. 다음에는 전화를 걸고 오게나. 그래야 시간을 내지. 정말 유감이지만 우리네 돌아가는 형편이야 자네가 더 잘 알잖아."

"물론이지. 마침 근처에 볼일이 있어서 들러본 거야."

헤커는 예전에 새로 온 여기자의 이름을 대며 그녀는 어디 있냐고 물었다. 동료는 그녀가 집안일 때문에 오늘 출근하지 않았다고, 내일은 올 텐데 왜 찾느냐고 물었다. 헤커는 그녀와 이탈리아 문제로 의견을 나눌 게 있었다고만 말했다.

동료의 사무실에서 나온 헤커는 예전 자신의 사무실을 봤다. 문이 닫혀 있었지만 노크를 할 엄두는 나지 않았다. 생각 같아서는 당장 문을 열고 어떻게 변했는지, 누가 그 사무실을 쓰는지 알아보고 싶은 걸 꾹 참았다. 어쩌면 이리도 어리석을까. 헤커는 한탄했다. 옛 일터로 돌아가지 말라는 것은 은퇴의 지혜이지 않은가. 그 자리는 네 자리가 아니다. 너는 이제 그곳 소속이 아니다.

집에 돌아온 헤커는 그 어느 때보다도 더 어깨가 처졌다. 그는 제발 밖으로 나가라는 프란치스카의 절박한 외침대로 행동했다. 그러나 이 행동으로 더욱 기가 꺾이고 말았다. 도대체 뭘 기대한 거야? 헤커는 자책했다. 동료들이 그를 얼싸안고 어쩌면 이리도 때맞춰 찾아오느냐고 쌍수를 들어 환영해주길 바랐나? 그와 같은 인재가 부족해서 큰일이라며 지금 당장 책상에 앉아서 도와달라고 요청하길 바랐나? 물론 그런 기대는 하지 않았다. 다만 그런 꿈을 꾸었을 뿐이다.

프란치스카가 귀가했을 때 헤커는 아무 말도 하지 않았다. 아내도 그와 대화하려는 기색을 보이지 않았다. 두툼한 원고를 가져온 아내는 바삐 작업실로 직행했다. 헤커는 텔레비전을 켜고 채널을 이리저리 돌렸지만 볼 만한 프로그램이 없었다. 결국 축구 중계를 선택했으나 별 관심을 느끼지 못했다. 그래도 그는 화면만 노려봤다.

텔레비전은 얼마 전부터 헤커를 완전히 장악했다. 예전에 그는 낮에 텔레비전을 켤 생각은 전혀 하지 않았다. 기껏해야 스포츠 중계만 봤을 따름이다. 그러나 이제는 틈만 나면 텔레비전 앞에 앉았다. 오전에도 텔레비전 앞에서 넋을 놓고 앉아 있기 일쑤였다.

텔레비전을 시청하며 헤커는 놀란 입을 다물지 못했다. 화면에는 대체 왜 그러는지 알 수 없는 인물이 툭하면 눈물을 쏟았다. 갑자기 혼신의 힘을 다해 고함을 지르는가 하면, 돌연 서로 끌어안고 키스를 해댔다. 서로 떨어지기 바쁘게 다시 고함이다. 남자는 다른 남자를 욕했고, 딸은 엄마를 때리거나 그 반대였다. 그것은 인간의 드라마가 펼쳐내는 난리 법석이었다. 다른 채널에는 뭐가 뭔지 모를 법정 드라마가 한창이다. 살인, 상해, 탐욕, 질투. 난장판도 그런 난장판이 없다. 드라마라면 신물이 나서 헤커는 곧장 채널을 돌렸다. 지금 텔레비전 앞에 앉은 자신이라는 드라마만 해도 넌더리가 났다.

헤커는 무슨 시합을 벌이는 방송도 봤다. 대개 핀란드 출신인 거구의 남자들이 힘겨루기를 벌인다. 맨손으로 집채만 한

바위를 끄는 힘자랑을 보는 순간 채널은 돌아갔다. 가장 오래 보는 것은 스포츠 채널이다. 어떤 방송은 24시간 당구만 보여준다. 차츰 헤커는 당구에 흥미를 느꼈다. 기묘한 각도에도 공을 맞히는 솜씨에 그는 탄복했다. 몇 시간이고 중계를 지켜보며 그는 슈퍼마켓에서 사온 팝콘을 먹었다. 팝콘은 그의 인생처럼 텁텁했다.

다음 날 전화벨이 울렸다. 딸 파울라다. 딸은 며칠에 한 번씩 전화를 걸어주었지만 헤커는 지금 자신의 상황을 이야기하지 못했다. 창피했기 때문이다. 이번에 파울라는 분명한 목적을 가지고 전화를 했다. 프란치스카가 어제 저녁에 전화로 모든 것을 이야기해줬다고 했다. 하루 종일 음울한 표정으로 집 안에만 틀어박혀 있는 헤커가 견딜 수 없다고 한다. 대체 어떻게 했으면 좋을지 모르겠다며 도와달라고 말이다. 파울라는 왜 그러느냐고, 자신이 도울 게 있느냐고 물었다. 속내를 시원하게 털어보라고 했다. 다음 주말에 시간이 나는데 함께 이야기를 해보자고도 했다.

헤커는 그럴 필요 없다고 말했다. 프란치스카가 과장하는 것이라고, 물론 지금 상황에 적응하기가 생각보다 어렵다는 것은 부정할 수 없지만 걱정하지 말라고, 며칠이면 새롭게 방향을 잡을 수 있을 거라고 헤커는 말했다.

"며칠? 아빠, 곧 12월이야."

"그럼 몇 주. 나에게 시간을 좀 줘."

"하지만 새엄마가 얼마나 속을 끓이는지 아빠는 몰라?"

딸은 프란치스카가 절박한 심정으로 전화했다고 했다. 도대체 어찌했으면 좋을지 몰라 속이 터진다고, 남편이 전혀 모르는 사람이 되어버렸다고 탄식을 하더란다. 심지어 그녀는 전화에 대고 울었단다. "상황이 나아지지 않으면 집에서 나갈 거야. 이러다가 내가 망가져버리겠어"라며 아무래도 친구 집에 가서 지내야 할 것 같다고 했다. 파울라는 프란치스카를 달래려 그녀의 양심에 호소했다. 남편을 인생의 가장 심각한 위기에 홀로 버려두어서는 안 된다고, 지금이야말로 서로 의지해야 할 때라고 말이다. 하지만 프란치스카는 지친 기색이 역력했으며 매우 상심이 큰 것 같았다고 파울라는 말했다.

"아빠가 어떻게든 해봐. 지금 이대로는 안 돼!"

파울라가 전화 건너편에서 외쳤다.

"너희는 내 마음을 몰라! 나를 그냥 좀 내버려둬!"

헤커는 통화를 끊었다. 어떻게 좀 해봐! 헤커는 자신에게 으르렁댔다. 이미 수천 번도 자신에게 했던 말이다. 그러나 상황은 달라지지 않았다. 그리고 이런 헛수고가 정말이지 그를 화나게 했다. 어떻게 좀 해봐. 달라지라고!

헤커는 몇 차례나 이 말을 곱씹었다. 이제 가능성은 단 하나뿐이었다. 이 새로운 인생에 적응하기 위해서는 다시금 옛것을 끌어와야만 했다! 그는 자신에게 익숙한 일, 기사를 써야만 한다. 일이 없이는 이 수렁에서 빠져나갈 수 없음을 지난 몇 주동안 처절히 깨달았다. 바로 그래서 어제 잡지사를 찾아가 라우라를 만나려 했다. 오늘은 그녀가 출근한다고 했지. 헤커는 몇 차례나 망설인 끝에 회사에 전화를 걸어 라우라와 연결해달라고 했다. 라우라는 소식을 들을 수 있어 기쁘다며 잘 지내느냐고 물었다.

"물론이지. 마침 카나리아제도의 라스팔마스로 여행을 계획하고 있네. 베를린의 겨울은 너무 음산하고 길어서 말이야. 라스팔마스는 햇살을 즐기기 좋으니까."

"그거 좋네요."

"다 일찍 태어난 덕이야."

헤커는 숨을 골랐다.

"여행을 가기 전에 좋은 기삿거리가 하나 떠올랐어."

그는 고별 만찬에서 라우라와 이야기했던, 이탈리아 정부 위기를 주제로 한 기사를 끄집어냈다. '베를루스코니* 이후의 이탈리아 정치'라는 제목이면 좋은 기사가 될 것 같은데 어떠냐고 물었다. 취재비용은 그리 비싸지 않을 것이며 로마 왕복항

---

* 실비오 베를루스코니(Silvio Berlusconi)는 1936년생의 이탈리아 정치가로 막강한 재력을 바탕으로 우파 정권을 세워 세 차례나 수상을 지냈다. 그러나 그때마다 각종 스캔들과 부패 의혹으로 이탈리아는 홍역을 앓았다.

공권에 3박 4일 정도 체류하는 걸로 하고 현지 정보원에게 약간의 사례를 줄 정도면 충분하다고 헤커는 설명했다. 이 기획이면 분명 구미가 당길 것이라고 속으로 그는 자신했다.

"물론 좋죠."

라우라가 서둘러 대답했다. 그리고 그의 제안이 매우 흥미롭지만 문제가 하나 있다고 했다. 헤커가 은퇴한 이후 이탈리아라는 특수 분야는 다른 동료가 전담하게 되었다며, 그녀는 헤커가 별로 반기지 않는 이름을 말했다. 지금 그 동료가 정확히 그 주제를 다루기 때문에 그걸 무시하고 따로 프로젝트를 실행할 권한은 자신에게 없다며 그녀는 미안해했다.

"알겠네."

헤커는 입맛을 다셨다. 라우라는 나쁜 소식은 그것만이 아니라고 했다. 어제 열린 직원 총회에서 작금 회사의 사정이 너무 안 좋은 까닭에 되도록 외주를 주지 말라는 지시가 떨어졌다. 사례비를 줄 여력이 없다는 게 상부의 입장이었다.

"모든 게 긴축이에요. 아시죠."

헤커는 다시금 알았다고 말하고 되도록 빨리 통화를 끊으려 노력했다. 말이 길어지다가는 체면을 잃을 것 같은 위기감이 그를 엄습했다. 그러나 전화를 끊는 순간 그는 폭발하고 말았다.

헤커는 냉장고가 아니라 거실의 양주 보관함으로 갔다. 그곳에는 손님을 맞을 때만 내놓는 값비싼 코냑이 고이 간직되어 있다. 만찬 끝에 즐기는 소화제, 그라파Grappa라는 상표의 코냑이다. 헤커는 이 병에는 절대 손대지 않았다. 지난 몇 주 동안에도 결코. 그러나 지금은 아무래도 좋았다. 그는 병을 꺼내 한 잔 가득 따랐다. 처음에는 작은 잔에, 곧 더 큰 잔에.

프란치스카가 귀가했을 때 헤커는 만취한 채 소파에 앉아 두 주먹으로 얼굴을 받친 자세였다. 그는 화가 치솟는 탓에, 분노가 터지는 통에 잠들지 못했다. 누구를 향한 분노인지도 몰랐다. 잡지사? 라우라? 자기 자신? 아니면 세계 전체?

"무슨 일이야?"

놀란 프란치스카가 혐오 가득한 얼굴로 물었다.

"어떻게 좀 해봐! 어떻게 좀 하라고. 나 좀 어떻게 해봐!"

헤커는 아무렇게나 내뱉었다. 프란치스카가 침실에서 이불을 들고 나와 작업실로 들어가 안에서 문을 잠그는 소리를 들었다. 그는 그녀가 들으라는 듯 크게 외쳤다.

"너희는 몰라. 너희는 지금 내가 얼마나 속이 문드러지는지 모른다고!"

그는 훌쩍이며 술을 마시고는 그대로 잠에 빠졌다.

다음 날 정오쯤 잠에서 깨났을 때 헤커는 침대가 아니라 거실 소파에 있는 자신을 발견했다. 주방으로 간 그는 식탁 위에 붙어 있는 쪽지를 봤다. 쪽지에는 이렇게만 쓰여 있었다. '오늘부터 마리타네서 지낼 것임.'

죽음을 만나다

소중한 사람, 소중한 날들의 상실이
우리에게 가르쳐주는 것

헤커는 자신이 귀중한 것을 배웠다고 믿었다.
죽음이 아니라 삶을 위해.
그는 시간이 얼마나 소중한 것인지 깨달았다.

지옥이 있다면 바로 이렇겠지. 일자리를 잃고, 아내가 집을 나갔다. 그는 면도를 했다.

헤커는 집을 나와 슈프레강 쪽으로 계단을 내려가 강변의 벤치에 앉았다. 머리가 아프다. 강에서 헤엄치는 백조를 보자 다시금 품위가 무엇일까 하는 생각이 떠올랐다. 아내는 품위를 잃은 남편을 보다 못해 집을 나갔다. 그는 늘 짜증부터 내고, 침묵시위를 했으며, 터무니없이 불안해하고, 어찌할 바를 모르고 당황하는 모습만 보여줬다. 그동안 아내는 이 모든 것을 묵묵히 참고 견뎌줬다. 헤커는 그렇게 확신했다. 아내는 남편에게 은퇴자로서의 생활에 적응할 시간을 주려고 노력했다. 그러나 그는 아내가 중시하는 바로 그것을 무시했다.

은퇴 생활의 첫날, 아내는 카드에 '가짜 은퇴자'라고 써서 남편에게 주었다. 은퇴자가 보이는 상투적이고 진부한 모습을 남편은 보이지 않았으면 하는 바람에서. 아내는 항상 형식에 무게를 두었다. 그녀가 형식적인 인간이어서 그랬던 것은 아니다. 그러나 아내는 인생의 많은 형식이 우리의 마음을 한결 가볍게 해줄 뿐만 아니라 더 아름답게 만들어준다고 믿었다. 품위를 지키지 않으려는 태도를 그녀는 상상조차 하지 못했다. 아무리 부부라도 그런 태도는 용납할 수 없었다.

바로 그래서 헤커는 아내의 극단적인 행보를 충분히 이해했다. 이 문제로 아내와 다투지 않았으며 자신을 홀로 버려두었다고 비난하지 않았다. 그저 아무 말도 할 수 없었다.

헤커는 백조를 바라보며 아내에게 편지를 써야겠다고 결심했다. 아무래도 마주 보고 하는 말보다는 글이 훨씬 낫다. 더욱이 글쓰기는 자신의 직업이지 않은가. 편지라면 모든 것을 설명할 수 있을 것 같다. 그를 사로잡은 지루함, 고독함, 이게 다 뭐지 하는 무기력감을. 헤커는 아내에게 용서를 구하고 이제부터 모든 것을 바꾸겠다고 약속하고 싶었다. 그를 찍어 누르는 보이지 않는 힘, 그래도 저항할 수 없는 힘을 이야기하고 싶었다.

헤커는 한동안 벤치에 앉아 머릿속으로 편지의 첫 문장을 구상했다. 적절한 표현을 고르고 문구를 다듬다가 이내 깨달았다. 이 편지는 쓰지 못하리라. 솔직한 심정으로 쓴다면 보낼 수 없는 편지가 되고 만다. 그는 어떤 것도 약속하거나 다짐하거나 맹세할 수 없다. 그럼에도 편지를 쓴다면 아내는 마지막 신뢰마저 잃으리라. 곰곰이 생각하면 할수록 헤커는 지금 그가 할 수 있는 것은 아무것도 없음을 분명히 깨달았다.

편지는 쓰지 말자. 헤커는 강가의 벤치에 앉아 프란치스카의 휴대폰 번호를 눌렀다. 두 사람 모두 흥분하지 않고 차분하게 이야기하려 애썼다. 대화는 아주 신중하게 이뤄졌다. 얼마나 오랫동안 망명을 하려고 그러냐는 헤커의 물음에 프란치스카는 모르겠다고, 그저 건강에 유의하며 지내라고만 답했다. 딱한 번, 대화가 충돌 직전까지 갔다. 헤커는 당신의 가출이 나를 얼마나 힘들게 하는지 아느냐고 물었다. 그러자 프란치스카의 목소리가 날카로워졌다. 가출은 교육적 차원과 전혀 상관없다고 그녀는 말했다. 가출은 자신의 정당방어라고 했다.

"더는 참을 수가 없어. 토마스."

다시 전화해도 좋으냐고 헤커가 묻자 그녀는 그래도 된다고 했다.

"그래요. 하지만 서로 좀 시간을 가집시다."

헤커는 다시금 백조를 봤다. 오늘처럼 백조에게 강렬한 질투를 느껴보기는 처음이다.

오후에 그는 술은 입에도 대지 않았다. 그는 술에 거부감을 느꼈다. 처음에는 아직 알코올 기운이 남아서 그런 모양이라고 생각했다가 이 거부감이 프란치스카의 부재 탓임을 깨달았다. 내가 지금 얼마나 힘든지 시위해야 할 상대가 아무도 없구나. 도와달라고 외칠 사람이 곁에 없구나. 헤커는 자신이 가여운 희생자라며 연민을 느꼈다.

저녁에 그는 하염없이 텔레비전 앞에만 앉아 있었다. 방송을 보는 것은 아니었다. 그냥 침대에 들 엄두가 나지 않았다. 잠을 이룰 수 없을 게 너무나 분명했기 때문이다. 그는 프란치스카가 지금 어떤 심정일지 궁금했다. 아마 그녀도 잠들지 못하고 깨어 있으리라. 저녁에 친구와 몇 시간이고 이야기를 나누고, 이제 어떻게 하면 좋을지 궁리를 했겠지만 프란치스카도 그 친구도 헤커와 마찬가지로 난감하기만 하겠지.

헤커는 새벽녘에야 간신히 눈을 붙이고 두어 시간 잤다. 홀로 맞는 아침이 이렇게 쓸쓸할 줄은 미처 몰랐다. 그는 프란치스카에게 전화를 걸고 싶은 유혹을 참으며 좋은 의지를 보여주기로 작정했다. 그는 스포츠가방을 챙겨 피트니스 센터로 향했다. 그러면서 누구에게 좋은 의지를 보여줄 것인지 자문했다. 프란치스카를 찾아갈 엄두는 나지 않았다. 그러면 너 자신에게 보여줘. 헤커는 이 생각이 신선하게 느껴졌다. 이런 것이 진실의 신선함일 거야.

센터에서 그는 구슬땀을 흘렸다. 20분 러닝머신, 다음에 근육 단련, 매트에서 팔굽혀펴기 등 프로그램을 차례로 수행했다. 다시 집에 돌아온 헤커는 운동하기 전과 똑같은 기분에 사로잡혔다. 쓸모없는 인간, 난감하기 짝이 없는 인간. 그때 돌연 전화벨이 울렸다. 뮌헨의 동창생이다. 오랫동안 듣지 못한 목소리가 어린 시절 그대로 귓전을 울렸다.

"혹시 소식 들었어? 한스가 죽었어. 엊그제 밤에. 심장 쪽에 문제가 있었나 봐. 한스의 아내가 전화를 했더라. 너랑 한스는 정말 친했잖아. 그래서 곧바로 너한테 전화해서 알려줘야겠다고 생각했어."

"말도 안 돼. 무슨 그런 일이."

헤커는 놀란 입을 다물지 못했다. 그럴 리가 없어. 사실이 아닐 거야.

"대체 어쩌다가?"

"나도 자세한 건 몰라. 그냥 그렇게 됐대. 병을 앓았던 것도 아니고 아무 조짐도 없었다는군."

한스는 잠자리에 들었다가 다시 깨어나지 못했다고 했다. 마른하늘에 날벼락이란 게 이런 것인가. 한스는 아무 문제없이 잘 지냈으며 많은 계획을 세워두었다고 한다. 그리고 은퇴한 지 석 달 되었다고 한다.

"장례식이 언제야?"

"모레, 오전 열한 시."

헤커는 가겠다고 약속했다.

한스는 김나지움 시절 가장 친한 친구였다. 대학교에서도 첫 두 학기 동안 아주 가깝게 지냈다. 그 뒤 한스가 다른 도시의 대학교로 가면서 갈수록 만나는 일이 드물어지다가 마침내 연락이 완전히 끊겼다. 서로 보지 못한 게 벌써 몇 년일까 헤커는 헤아려봤다. 그렇지만 친구의 모습과 함께 보냈던 옛 시절이 선명하게 떠올랐다. 함께 했던 등산, 뮌헨 패거리와 함께 즐겼던 파티, 처음으로 사귀었던 여자들, 아비투어 합격 기념으로 함께 간 로마 여행, 첫 학기에 같이 들었던 수업 등 옛 기억들이 주마등처럼 스쳐 지나갔다. 헤커는 이 우정이 절대 끝나지 않을 줄 알았다.

은퇴한 지 석 달이라고. 이 빌어먹을 은퇴 같으니! 헤커는 한스의 죽음과 은퇴 사이에 연관이 있음을 의심하지 않았다. 은퇴가 친구의 목숨을 앗아갔구나. 그는 이런 생각을 하는 자신이 부끄러웠다. 은퇴로 맞은 새로운 인생을 견딜 수 없어 불평만 일삼았던 나는 살아 있는데, 많은 계획을 세웠다는 친구는 죽었구나! 한스가 죽었구나.

헤커는 꼼짝도 않고 거실 소파에 앉아 있었다. 그러나 전화를 받을 때처럼 굳어져 있지는 않았다. 지금 헤커는 살아 있음을, 자신의 인생을 부담이 아닌 가능성으로 느꼈다. 이 인생이 왜소해지고 제한되었으며 의미를 잃었다 할지라도 어디까지나

살아 있는 인생이다. 그런데 한스는 죽었다.

묘한 기분이 헤커의 속에서 치솟았다. 기분의 정체를 파악하기까지는 시간이 걸렸다. 그것은 바로 감사하는 마음이었다. 다만 그는 누구에게 감사해야 좋을지 몰랐다. 신에게? 헤커는 종교적인 인간이 아니었다. 운명에? 무엇에 감사한지 그는 알 수 없었다. 다만 그는 자신의 살아 있음이 이 텅 빈 집에서, 프란치스카마저 떠나버린 집에서 감사하게 여겨진다는 것만 알았다. 그는 소파에 앉아 있을 수가 없었다.

그는 집을 나와 강가로 내려갔다. 이번에는 벤치에 앉고 싶지 않았다. 강가를 따라 빠른 걸음으로, 거의 뛰다시피 하며 걸었다. 그렇게 수상관저까지 갔다가 티어가르텐을 가로질러 다시 집으로 돌아왔다. 헤커는 숨을 헐떡이며 노트북을 켜고 곧장 독일 철도 사이트로 들어갔다. 그리고 티켓을 예매했다. 뮌헨 왕복표.

헤커는 다시금 프란치스카에게 전화를 걸고 싶은 유혹을 짓눌렀다. 무슨 일이 일어났는지 아내에게 이야기하고픈 마음은 굴뚝같았다. 그러나 그녀는 한스를 만난 적이 없다. 한스와의 우정은 그녀를 만나기 전의 일이다. 하지만 사진은 아내에게 여러 차례 보여주었다. 암벽 발치에서 찍은 사진, 정상에 서서 로프를 어깨에 걸고 으스대며 찍은 사진, 빙벽 횡단을 하며 아이스피켈을 손에 쥐고 찍은 사진. 한스는 죽었다.

아니다. 프란치스카에게 전화를 걸지 않겠다. 함께 장례식에 가자고 부탁하지도 않을 것이다. 오롯이 혼자서 감당하자고 그는 다짐했다. 그는 뮌헨의 친구에게 하룻밤 묵을 곳을 부탁하지도 않았다. 역 근처의 값싼 여관에 방 하나를 예약했을 뿐이다. 헤커는 홀로 있고 싶었다. 이 왜소한 인생과 저 위대한 죽음과 함께.

헤커가 홀로 있을 시간은 충분했다. 열차는 뮌헨까지 여섯 시간 이상 걸린다. 헤커는 발저의 책을 가져왔고 이번에는 예전보다 오래 책을 읽었다. 그래도 여전히 집중은 되지 않았다. 헤커의 뇌리에는 한스 생각만 떠올랐다. 그를 오래 보지 못했는데 왜 이렇게 생각이 선명할까? 헤커는 한스의 죽음이 자신의 인생을 되돌아보게 만들었기 때문이라고 곧바로 이해했다. 가까웠던 사람이 죽으면, 너의 일부가 죽는다. 한스와 함께 체험했던 것은 헤커의 일부였다. 이제 이 일부의 인생은 증인을 잃었다. 함께 추억하며 확인해주고 바로잡아줄 한스는 이제 세상에 없다.

헤커는 앞으로 죽음을 자주 겪게 되리라는 생각에 두려웠다. 나이를 먹어가며 주변의 사람들과 차례로 작별하리라. 죽음의 소식을 들을 때마다 현실은 그만큼 더 작아지고, 추억만이 커지리라. 그러다 어느 날 오로지 추억만 남으리라.

이런 생각에 헤커는 속이 착잡했다. 동시에 마음이 편안해지기도 했다. 죽은 한스는 헤커 자신도 죽을 것이라는 암시이기도 하다. 헤커에게 남은 시간이 확 줄아버렸다는 암시다. 자신의 죽음을 유념하지 않고는 누구도 죽음을 생각할 수 없다. 그러나 인간이 자신의 죽음을 과연 생각할 수 있을까? 인간은 자신의 죽음을 생각할 수 없다. 고작해야 병, 쇠락, 아픔을 생각할 수 있을 따름이다. 어떤 사람은 쉽게, 다른 이는 어렵게, 또 누군가는 치를 떨며. 아무튼 죽음 자체를 우리 인간은 생각할 수 없다. 바로 그래서 인간은 원칙적으로 자신이 불사의 생명을 가졌다고 여긴다. 자신이 없어졌다고 생각하는 것이 불가능하기 때문에.

그러나 인생은 태어난 순간부터 죽음을 향해 달린다. 우리는 근본적으로 어머니 배 속에 잉태된 그 순간부터 늙어간다. 얼마 전에 읽은 글은 우리 인생의 첫 순간부터 많은 세포들이 생명력을 잃는다고 묘사했다. 20대 중반부터는 생각하는 능력이 떨어지기 시작하며 30대 중반부터는 기억력이 감퇴하기 시작한다. 모든 것은 작아지고 또 작아진다. 다만 첫 순간부터 죽음만이 자라날 뿐이다. 늙음은 가능성의 상실이다. 그리고 죽음은 가능성의 삭제다.

헤커는 이런 모든 상념이 불편했다. 지금 열차를 타고 찾아가는 사람의 가능성은 완전히 삭제되었기 때문이다. 그럼에도 그는 이런 상념을 몰아낼 수 없었다. 헤커는 객실을 둘러보았다. 몇몇 승객은 노트북을 들여다보고, 어떤 이는 헤드폰을 귀에 꽂았으며, 어떤 이들은 눈을 감고 잠을 자는 것처럼 보였다. 그러나 헤커는 정말 오랜만에 정신이 맑았다. 지난날들의 안개가 깨끗이 걷혔다.

돌연 그는 은퇴 충격의 가장 깊은 원인을 또렷하게 깨달았다. 그는 은퇴를 심판으로 받아들였다. 이는 자신도 죽을 수밖에 없는 유한한 인간이라는 앞당겨진 증명이었다. 직장 생활의 끝은 다른 끝이 다가왔다는 암시였다. 일을 하는 사람은 이 끝을 아직 멀리 있는 것으로 여길 수 있지만, 일하지 않는 사람은 이 끝을 기다릴 뿐이다. 아마도 모든 사람이 다 그런 것은 아닐지라도 그는 그렇게 느꼈다. 그 끝으로부터 자신이 무방비라는 생각이 깊은 절망을 불렀다. 마치 죽음과 악마가 뒤를 쫓는 것만 같아 무기력함에 사로잡혔다. 서서히 지난 몇 주 동안의 공포, 은퇴하고 맞이한 시간에 느꼈던 공포가 죽음을 보는 두려움이었음을 그는 깨달았다.

열차는 마침 뉘른베르크를 지나고 있었다. 이제 뮌헨까지는 한 시간 남짓 남았다. 헤커는 이런 상념을 끝까지 물고 늘어지지 않아도 된다는 생각에 기뻤다. 혹시 죽음의 두려움은 좀 과장된 게 아닐까? 최소한 자신의 두려움은 교만한 불손이었다고 그는 생각했다. 죽음과 맞서기도 전에 알지도 못하면서 죽음에 자신을 맡긴 양 스스로 빚어낸 두려움 속에서 뒹구는 교만한 불손. 아직 멀리 있는 것을 두고 가까이 있다고 호들갑을 떠는 불손함.

친구 한스의 죽음으로부터 배울 덕목은 겸손함이라고 헤커는 생각했다. 뮌헨 방문이 준 교훈은 이것만이 아니었다. 편집자 토마스 헤커에서 편집자를 떼버리고 토마스 헤커로 남은 사실에 만족해야 한다는 교훈도 있었다.

그는 뮌헨 중앙역에 도착해 한 여관에서 스스로 선택한 외로운 저녁 시간을 보냈다. 이때도 그는 프란치스카에게 전화를 걸지 않았다. 다음 날 아침, 그는 지하철을 타고 공동묘지로 향했다. 부모님의 묘도 이곳에 모셨기에 지리를 환하게 알았다. 그는 추도실로 가는 길을 따라가며 아는 얼굴들을 차례로 발견했다. 장례식을 찾아온 동창생들이다. 하지만 몇 차례나 다시 보고 나서야 얼굴을 확인할 수 있었다. 세월은 그들의 얼굴에 흔적을 고스란히 남겼다. 친구들은 서로 목례를 하며 나직하게 안부 인사를 나누었다.

헤커는 추도사와 함께 모차르트의 「주님을 찬양하라Laudate Dominum」를 듣고 한스의 아내와 자녀들에게 조의를 표한 뒤 가까운 식당에 자리가 마련되었으니 참석해달라는 요청을 받았다. 헤커는 조문객 가운데 특히 관심을 끄는 얼굴을 발견하고는 식당으로 갔다.

헤커와 같은 반이었던 그 친구는 '찰리'라는 별명으로 불렸다. 원래 이름은 카를이다. 헤커는 그 친구를 잘 알지는 못했다. 찰리는 친구들보다 조숙한 편이어서 놀이에 잘 어울리지 않았다. 쉽게 곁을 내주지 않는 그를 친구들은 거만하다고 여겼다. 그러나 헤커는 찰리와 친하지 않았음에도 그가 뭔지 모를 특별함을 가졌다고 느꼈다. 아비투어를 치르고 난 뒤 헤커는 찰리를 전혀 보지 못했다. 이따금 열린 동창회에도 그는 나오지 않았다. 그런 찰리가 지금 조문객 가운데 한 명이다. 헤커는 그가 어떤 인생을 살았는지 알고 싶었다.

"어이구, 이게 누구야?"

찰리가 말했다. 두 남자는 환담을 나누기 시작했다.

"물론 나는 우리 모두가 그런 것처럼 은퇴했네."

"그전에는?"

"몰랐어? 난 화학을 전공했잖아."

그걸 헤커가 어찌 알랴. 찰리는 대학을 마칠 때쯤 미국으로 갔으며 더 나은 근무 조건에 미국에 남았다고 했다. 그는 시카고대학교의 연구소에 자리를 얻었고 결국 교수가 되었다.

"지금도 거기서 근무해."

아니, 65세를 넘긴 은퇴자인데? 하지만 찰리는 은퇴 후에도 연구소에서 강의를 진행하며 물론 예전처럼 풀타임이 아니라 일주일에 이틀만 출근한다고 했다. 일은 여전히 즐겁다고 했다.

"미국에서는 이런 게 돼. 연령 제한을 고집하는 독일과는 다르지. 물론 독일도 머지않아 변할 거야. 우리 노인을 포기할 수 없을걸."

마침 고향을 찾게 된 것은 순전한 우연이었다고 했다. 뮌헨에 사는 여동생을 만나러 왔다가 신문에서 부고를 읽고 장례식에 참석한 것이다. 찰리는 그에게 물었다.

"그럼 자네는?"

"자네가 직접 말했잖아. 독일은 노인을 포기해. 10월 1일자로 연금 생활자야. 예전에는 기자였지."

"오, 그랬구나. 독일어는 학창 시절 네가 가장 좋아하던 과목이었지. 넌 수업 시간마다 항상 작문을 낭독하곤 했어. 그래, 기억나네. 너는 항상 자부심이 넘쳤지. 알고 있어? 그런데 이제 너 같은 사람이 필요 없대? 글쓰기야 나이 먹어서 더 잘할 수 있는 거잖아. 혹시 시간이 나거든 시카고로 나를 만나러 와. 대환영이야."

"시카고? 66번 국도의 출발점이지 아마?"

"맞아. 겟 유어 킥스Get your kicks⋯."

"온 루트 식스티식스On route sixty-six. 넷 킹 콜의 옛 노래지? 롤링스톤스도 이 노래를 불렀고?"

헤커는 자신의 아내야말로 평생 66번 국도를 달렸으면 하는 꿈을 꾸어온 여인이라고 말했다.

"그럼 같이 와. 꿈을 실현시켜 주라고."

물론 서둘러야만 한다고 찰리는 덧붙였다. 자신이 얼마나 더 살지는 신만 안다나. 몇 달 전 전립선암 진단을 받았다고 했다. 방사선치료는 이미 끝냈으며 지금 상태가 나쁘지는 않지만 사람 일이 어찌될지는 모른다고 했다. 헤커는 아무 말도 하지 않고 찰리를 물끄러미 바라보았다. 모두 이런 식인가? 한스가 그렇게 가더니, 이제는 찰리마저. 아니다, 이제 시작일 뿐이다. 헤커는 생각했다. 노년은 '인생의 엄선된 시간'이라고 했던 고대 로마인들은 미쳤던 게 틀림없다.

"그런 표정 짓지 마. 오늘날 전립선암은 사형선고가 아니야. 앞으로는 더 좋아질 거고."

두 남자는 오후 내내 환담을 나누었다. 그러나 병과 죽음 이야기는 더 하지 않고 어떻게 지냈는지, 앞으로 무엇을 할 것인지 같은 이야기를 주로 했다. 마침내 역으로 가야 할 시간이 되었다. 베를린행 막차는 오후 6시 15분에 출발한다. 두 남자는 전화번호와 메일 주소를 교환했다.

열차 객실은 거의 텅 비어 있었다. 헤커는 창가에 앉아 스쳐가는 저녁놀을 바라보았다. '인생의 한복판에서 우리는 죽음에 포위된다.' 이 말이 등장하지 않는 장례식은 없다. 지금도 추도사를 하는 사람이 즐겨 인용하는 말이다. 그러나 틀린 말이라고 그는 생각했다. 인생의 한복판이 아니라 노년의 한복판이 맞다. 그건 엄청난 차이다.

하루하고도 반나절을 머무른 뮌헨에서의 시간은 소중한 교훈을 알려주었다. 헤커는 자신이 귀중한 것을 배웠다고 믿었다. 죽음이 아니라 삶을 위해. 그는 시간이 얼마나 소중한 것인지 깨달았다.

완벽한 하루

○

은퇴는 마지막 심판이 아니라
약속을 잡을 기회다

물론 헤커는 자신이 은퇴 문제를
남김없이 풀었다고 생각하지 않았다.
그러나 출발이 중요하다.
그는 출발이라는 단어가 주는 좋은 울림을 즐겼다.

베를린으로 돌아온 헤커는 할 일이 많았다. 뮌헨에서 장례식에 참석하며 얻은 깨달음은 그에게 지난 몇 달 동안 말라버렸던 힘을 되돌려주었다. 너무 길고 지루하기만 했던 하루가 이제는 시간이 턱없이 부족하다고 느꼈다.

빈 집에 다시 들어섰을 때 헤커가 가장 먼저 떠올린 것은 물론 프란치스카였다. 그러나 정확히 보면 이는 사실과 다르다. 헤커는 아침부터 밤까지 늘 프란치스카 생각만 했기 때문이다. 아내의 가출로 받은 충격은 조금도 줄어들지 않았다. 그러나 지금 그는 은퇴 초기의 무기력함에서 벗어났다. 이제는 자신이 무엇을 해야 하는지 안다고 믿었다. 그는 건강한 생활로 돌아와야만 한다.

다음 날 아침, 헤커는 시청으로 가서 길게 늘어선 대기 줄에 합류했다. 신분증의 유효기간이 벌써 몇 달 전에 지났기 때문이다. 그는 건강한 생활로 돌아오는 첫걸음은 쉬운 일부터 시작해야 한다고 생각했다. 새로운 신분증을 만드는 것이 그런 일이다. 시간만 들이면 될 뿐, 별다른 비용이 들지 않는 것이 신분증 발급이다. 그러나 헤커는 착각했다.

입구의 안내 창구에서 그는 준비해온 여권 사진이 최근에 변경된 규정과 맞지 않음을 확인했다. 생체 확인을 위한 전자 여권의 기준을 충족하지 않아 안면 식별이 되지 않는 사진이라고 직원은 퉁명스럽게 말했다. 신분증을 신청하러 온 많은 사람들이 같은 사정이었던 터라 시청 옆의 사진관은 만원이었다. 헤커는 헛웃음을 참지 못하며 긴 줄의 끝에 가서 섰다. 그러나 의외로 순서는 빨리 찾아왔다. 이곳의 사진 찍기는 컨베이어벨트 작업처럼 순식간에 이뤄졌기 때문이다. 사진사는 그에게 웃지 말라고 말했다. 전후좌우에서 조명이 휘황했다. 불과 몇 분이 지나고 사진사는 헤커에게 사진을 건네며 말했다.

"완벽하네요."

완벽하다. 헤커는 하마터면 발을 헛디딜 뻔했다. 생체 사진은 정말이지 솔직했다. 사진은 그럴싸한 포즈를, 온화한 미소를 결코 허락하지 않았다. 카메라는 환한 조명 속에서 인정사정 봐주지 않고 얼굴 중심에 초점을 맞춰 셔터를 눌렀을 뿐이다.

꼭 낯짝에 정면으로 한 방 날린 것 같구나. 딴에는 미래를 지향하는 눈빛을 기대하며 카메라 렌즈를 응시했던 헤커는 머쓱해지고 말았다.

신도 가련하게 여길 사진이군. 사진 속 얼굴은 80대라고 해도 과언이 아니었다. 피부는 색이 바랜 가죽처럼 지저분한 게 믹 재거나 키스 리차드가 영원한 젊음의 상징으로 삼았던 늙은 도마뱀의 의연함마저도 보여주지 못했다. 헤커는 물끄러미 사진 속의 얼굴을 노려보았다. 작은 눈, 잡초처럼 무성한 눈썹, 툭 불거진 핏줄, 아무리 봐도 잘생겼다고 할 수 없는 얼굴이다. 사진 속의 남자는 늙었다. 남자는 자신이 느끼는 것처럼 젊지 않다. 훨씬 더 늙었다.

시청으로 돌아간 헤커는 번호표를 뽑고 대기실에서 기다렸다. 다시금 그는 사진을 들고 얼굴을 살폈다. 헤커는 은퇴 후 방황으로 피곤해졌으며, 아내가 가출하는 불행한 경고까지 받음으로써 천천히 이 얼굴에 맞는 감정을 가지기 시작했다. 결코 사랑스럽지 않은, 상냥해 보이는 구석이라고는 없는 얼굴을 보며 그는 무어라 말해야 좋을지 모르겠는 느낌이었지만 이상하게도 마음 한구석이 편안해졌다. 편안한 느낌? 아마도 정확히 이 편안함이 그가 배워야 할 덕목이리라. 자신의 얼굴을 응시하되 저항하지 말자. 일체의 연민을 접어버리고 주어진 그대로 받아들이자고 다짐했다.

새 신분증의 유효기간은 10년이다. 그럼 다시 신분증을 만들 때는 75세겠군. 헤커는 그때는 얼굴이 100세처럼 보일 거라며 미소를 지었다.

나이를 생각하며 원망을 하지 않는 것은 처음이다. 그는 드디어 자기 자신에게 익숙해진 모양이다. 아니, 그게 아니다. 나를 나 자신에게 익숙하게 만든 사람은 프란치스카다. 아내의 가출로 헤커는 드디어 평온을 찾았다. 아내의 메시지가 결정타였다. '당신이 당신 자신을 좋아하지 않는데, 내가 어떻게 당신을 좋아하겠어.'

헤커는 늙음에 느끼는 원망이 완전히 사라졌다고 말할 자신은 없었다. 또 그렇게 믿기도 어려웠다. 원망은 아마도 자신의 내면 어딘가에 숨어 있다가 감정이 북받치는 순간 고개를 들고 예의 그 불평을 늘어놓을 게 틀림없다. 그러나 원망이 떠오를 때마다 그는 죽은 한스를 생각했다. 그리고 찰리의 얼굴도 떠올렸다. 그러면 다시금 살아 있음에 감사하는 마음이 들곤 했다.

나이를 먹는 것 역시 배워야 하는 게 아닐까. 어려서 나는 달리기, 수영, 자전거 타기를 배웠다. 읽고 쓰는 법과 계산하는 법을 배웠다. 영어와 이탈리아어도 배웠다. 나이를 먹는 것을 배우지 못할 이유는 무엇인가? 늙으면 어렸을 때보다 배우기가 어려워서? 그럼 나는 나이를 먹는 것을 배우기에 너무 늙었나?

이런 생각 끝에 헤커는 피식 웃음을 터뜨렸다. 나이 먹는 법도 배워야 한다는 생각은 실제로 그에게서 변화가 일어나기 시작했다는 조짐이다. 불과 며칠 전만 하더라도 그는 늙음이라는 단어에 짜증부터 내지 않았던가.

헤커는 새 출발을 위해 관청이 규정한 단계를 밟았다. 은퇴 증명 카드 외에 그는 새 신분증도 얻었다. 자, 그럼 다음 단계는 무엇일까? 헤커는 카린에게 전화를 걸어 두 번째로 용서를 구했다. 주거공동체 시절의 친구를 내심 비웃었던 자신이 부끄러웠다. 그녀가 허덕이며 수많은 일정을 쫓아다니고 이벤트에서 이벤트로 뛰어다니는 과장된 바쁨으로 은퇴 생활을 꾸미는 것을 거만하게 굽어보며 비웃었던 게 미안했다. 이제 그는 카린의 심정을 더 잘 이해할 수 있었다.

"잘못된 인생에 올바른 삶은 있을 수 없다." 테오도어 아도르노Theodor Adorno의 이런 가르침을 헤커는 걸신들린 것처럼 빨아들이던 시절이 있었다. 이런 가르침이야말로 깨어지지 않는 진실이라고 그는 생각했다. 그래서 은퇴 생활을 짐짓 바쁘게만 꾸미는 카린을 생각하며 아도르노의 이 문장을 떠올리곤 했었다.

그러나 이제 그는 이 문장이 인간의 속내를 헤아리지 못했다는 느낌을 지울 수 없다. 아니, 인간의 인생에서 잘못된 것과 올바른 것이 깔끔하게 구분되기는 할까? 물론 젊은 시절의 헤커는 정의와 불의의 깔끔한 구분이 가능하다고 여겼고, 이렇게 구분된 정의에 열광했다. 그러나 이제 그는 이런 구분이 그로테스크하게 여겨졌다. 잘못과 올바름을 깔끔하게 구분할 수만 있다면야 인생이 얼마나 쉬울까. 하지만 돌이켜보면 인생은 잘못과 올바름이 복잡하게 뒤엉킨 것이었을 따름이다. 항상 인생은 잘못과 올바름의 뒤죽박죽이었다. 둘 사이의 경계를 명확히 해줄 수 있는 심판관이란 세상에 존재하지 않는다. 우리 인간은 거짓 꾸밈 속에서도 상대가 가진 진심을 헤아릴 줄 알아야만 한다.

이런 상념으로 무장한 헤커는 카린에게 그녀가 그토록 열정적으로 얘기했던 합창단에 들어갈 수 있느냐고 물었다. 연습은 언제 하냐며, 미안하지만 지난번에 이야기해준 것을 잊어버렸다고 양해를 구했다. 카린은 항상 수요일에 연습한다고 말했다. 일주일에 한 번만? 응, 일주일에 한 번만. 무대 공연도 자주 하는데 공연은 항상 주말이라고 그녀는 덧붙였다. 혹시 대원들 앞에서 혼자 노래 부르라고 하는 건 아니야? 그럼 너무 창피한데. 아니, 그런 일은 없어. 혹시 베이스가 너무 많은 건 아냐? 무슨 소리, 베이스는 항상 부족해.

"좋아. 그럼 다음 주부터 내가 베이스다."

신이 난 헤커는 곧장 또 다른 아이디어를 떠올렸다. 노래는 우울증을 다스리는 최고의 명약이라는 글을 어디선가 읽은 기억이 났다. 그는 그런 효과는 노래뿐만 아니라 음악 자체가 가지고 있다는 데 생각이 미쳤다. 그러면 피아노 연주도 시도해볼까? 여덟 살 때 헤커는 부모의 성화에 못 이겨 피아노를 배웠다. 매주 선생님이 방문해서 교습을 해주었다. 바이스[*]라는 이름 그대로 얼굴이 하얀 선생님이었다. 그러나 소년 헤커에게 피아노는 공포 그 자체였다. 그는 소질이 없었을 뿐만 아니라 게을렀고 뻔뻔했으며 배우려는 의지가 없었다. 바이스 선생님은 제자의 태도에 절망했고, 피아노라는 주제는 이내 물 건너갔다.

훗날 헤커는 피아노를 배우지 않은 것을 후회했다. 지금도 마찬가지다. 늙어서 우울한 생각이 들 때마다 피아노에 달려들어 건반을 두들기며 페달을 밟을 수만 있다면 얼마나 좋을까. 슈만의 「즐거운 농부」나 모차르트의 「미뉴에트」를 연주하면 우울한 기분 따위는 깨끗이 날아갈 텐데. 요즘 중고 전자오르간은 200유로면 구입한다. 살까? 그리고 피아노 교습을 받을까? 너무 비싸지 않을지 헤커는 걱정했다. 그렇지만 이런 좋은 아이디어를 바람에 날려 보내고 싶지는 않았다. 무슨 방법이 있을 거야. 은퇴자가 할 수 있는 아르바이트를 찾아볼까. 헤커는 인터넷에서 열심히 검색해보기로 결심했다.

---

[*] 바이스(Weiß)는 희다는 뜻의 독일어 형용사다.

갑자기 많은 아이디어가 떠오르자 헤커는 묘하다는 생각이 들었다. 왜 예전에는 마음에 드는 아이디어가 하나도 없다가 이처럼 봇물 터지듯 쏟아질까? 뭔가 달라지려면 물꼬를 터주는 무슨 일이 벌어져야만 하는가 보다.

헤커는 프란치스카에게 전화를 걸었다.

"어떻게 지내?"

"뭐, 그냥저냥."

"보고 싶은데."

"왜?"

왜라고? 이게 무슨 질문인가! 어째서 아내는 이토록 차가울까? 대체 무슨 생각을 하는 걸까? 하지만 헤커는 이렇게만 말했다.

"이제 깨달았으니까. 그것도 상당히 많이."

프란치스카는 망설이는 기색이 역력했다. 본래 헤커는 아내에게 잘 지내고 있는지, 내 생각은 하고 있는지, 사르데냐의 행복했던 시간을 기억하는지, 번역 일은 잘 되고 있는지 묻고 싶었다. 그러나 그는 이런 마음을 꾹 참고 이렇게만 반복해 말했다.

"당신이 보고 싶어."

"어디서?"

프란치스카가 물었다. 헤커는 슈프레 강가의 카페는 어떠냐고 제안했다. 집에서 멀리 떨어지지 않은 이 카페는 부부가 일요일 오후에 케이크를 사오던 곳이다. 모레 만나면 어떨까. 헤커는 조급하게 보이고 싶지 않았다. 일이 끝난 뒤 여섯 시쯤.

"알았어요."

프란치스카가 답했다. 헤커는 이 통화를 끝낸 뒤 혼란에 빠졌다. 아내는 자신의 감정과 의도를 좀체 드러내지 않았다. 헤커는 지금까지 항상 아내의 생각을 읽을 수 있다고 자부해왔다. 목소리의 작은 떨림, 표정의 미묘한 변화만 봐도 곧장 그녀의 속내를 파악했다. 그러나 지금 그는 아무런 짐작을 할 수 없었다. 다만 프란치스카가 쉽사리 관계를 포기하지는 않을 거라고 자신을 달랬다. 오랜 세월 대부분 행복했던 관계를 그녀는 이처럼 허망하게 끝내지는 않으리라.

그러나 헤커는 불안감을 떨칠 수 없었다. 아마도 프란치스카는 그만큼 심경이 복잡한 나머지 그의 전화에 그처럼 쌀쌀맞은 반응을 보이며 거리를 두었을 거라고 애써 불안한 마음을 달랬다.

그때 전화벨이 울렸다. 파울라다. 딸은 거의 이틀에 한 번씩 전화를 걸어와 어떻게 지내는지 물어봤기 때문에 헤커는 이번에도 그러려니 여겼다. 파울라는 헤커를 위한 일거리를 찾고 있다고 했다. 아빠가 40년 동안 그처럼 소중히 여겨온 것, 삶의 의미와 규칙적인 생활을 되찾을 수 있으려면 반드시 일감이 필요하다고 파울라는 말했다. 딸이 근무하는 광고회사는 헤커처럼 경험이 많은 편집자를 필요로 하는 일이 심심찮게 들어온다고 했다. 기업의 사보라든지 고객을 위한 소식지는 글을 매만질 줄 아는 솜씨를 필요로 한다며.

헤커는 몇 주 전만 해도 그런 일에는 관심이 없다고 투덜댔다. 그러나 지금은 상황이 달라졌다. 그는 겸손해야 한다고 자신에게 다짐했다. 파울라가 중개해주는 일이라면 감사한 마음으로 받아들이기로 했다. 그는 딸에게 솔직히 지금은 모든 것에 감사하는 마음이라고 말했다. 거의 모든 것에. 파울라는 꺄 하고 탄성을 질렀다. 아빠를 위한 일거리를 반드시 찾아낼 거라며 자신 있다고, 업계에서 최고의 인맥을 자랑한다고 파울라는 낙천적 태도를 뽐냈다. 얘는 어려서부터 항상 이렇게 낙천적이었지. 헤커는 생각했다. 약간 흥분하는 경향이 있기는 하지만 미래를 낙관적으로 보는 딸이 귀엽기만 했다. 아무튼 내 유전자는 아니야. 파울라는 보통 그런 텍스트는 무슨 소리를 하는 건지 모를 정도로 수준이 떨어진다고 강조했다.

"누군가 붉은 펜을 들고 손봐야만 해요. 아빠가 아니면 누가 하겠어요."

그러더니 파울라가 드디어 일거리를 찾았다고 했다.

"아빠, 놀라지 마."

파울라는 듣기로 아는 사람, 정확히는 아는 사람의 아는 사람이 마침 어떤 책을 쓰는데 독일의 유명한 포도농장주 15명의 인생 스토리가 담길 책이라고 했다. 파울라는 신이 나서 그건 그의 전공 아니냐고 했다. 작가는 급하게 원고를 읽어줄 사람을 찾는다고 했다. 자신의 글솜씨가 그리 뛰어난 편이 아니라며 글을 매끈하게 다듬어줄 노련한 편집자가 꼭 필요하다고 했단다. 그리고 최고의 희소식은 따로 있다고 파울라는 말했다. 이 일은 당연히 보수를, 대단하지는 않더라도 어쨌거나 적지 않은 보수를 받을 좋은 기회라고 들뜬 목소리로 말했다.

"어때, 아빠? 아빠 전공이라고."

헤커는 가슴이 뛰는 걸 느꼈다. 딸이 앞에 있다면 덥석 끌어안아 주고 싶은 심정이었다. 그러나 꾹 참고 그는 특유의 어투로 말했다.

"정말 그 사람이 나를 기다린다든?"

"물론이지. 평생 아빠를 기다릴 거야."

파울라는 깔깔대며 웃었다. 이제는 헤커도 웃을 수밖에 없었다. 그는 그 작가가 자신을 필요로 한다는 걸 정말 진지하게 믿느냐고 파울라에게 물었다.

"아냐, 아빠. 믿는 게 아니고 확실하게 알아. 내일 전화를 해봐. 지금 도무지 원고에 진척이 없어 애를 먹고 있대. 도와준다고 하면 기뻐할 거야. 전화해!"

파울라는 전화번호와 함께 이름을 알려주었다. 침착하자! 헤커는 다짐했다. 아직은 어찌될지 모른다. 이 작가가 어떤 사람인지, 또 무슨 글을 쓰려 하는지 전혀 모르지 않는가. 그럼에도 궁금증을 참을 수 없었던 헤커는 인터넷에서 그의 이름을 검색해봤다. 그랬더니 이 전기 작가는 이미 몇 권의 책을 펴냈다. 주제는 항상 와인이다. 이탈리아 북부의 와인을 다룬 책이 있는가 하면, 바덴 남쪽 지방의 와인을 주제로도 책을 썼다. 이친구 봐라, 재밌는데. 헤커는 레드와인을 한 병 땄다. 아내의 가출 이후 처음이다. 그러나 이번에는 절망의 와인이 아닌 희망의 와인이다.

다음 날 오전 헤커는 그 작가에게 전화를 걸었다. 딸의 말대로 그는 좀체 원고가 진척이 없어 고민이었다고, 마감 기한을 벌써 넘겼다며 어떤 도움이든 환영한다고 했다. 괜찮다면 바로 원고를 메일로 보내겠다고, 2주 뒤에는 원고를 제출해야 한다고도 했다. 시간이 좀 더 필요하면 출판사와 협의해 마감 기한을 연장해줄 수도 있다고 했다.

"좋습니다. 급하시면 일주일 안에도 됩니다. 이게 제 직업이니까요."

"보수 문제는 좀 협의를 해야만 합니다. 하지만 걱정 마세요. 제가 곧 출판사와 통화하겠습니다."

헤커는 급할 것 없으며 여유 있게 처리해도 된다고 말하고는 전화를 끊었다.

몇 분 뒤 메일로 원고가 왔다. 헤커는 곧장 일을 시작했다. 살펴보니 손볼 곳이 놀라울 정도로 많았다. 그래도 헤커는 기뻤다. 직장에 다닐 때만 해도 그는 형편없는 원고를 보면 시간만 잡아먹는다며 불평하곤 했다. 그러나 이번에는 다르다. 텍스트가 나쁠수록 자신의 실력을 보여줄 수 있기에 그는 회심의 미소를 지었다.

헤커는 신들린 듯 원고에 매달렸다. 항상 그랬듯 꼼꼼하면서도 면밀하게 원고를 매만졌다. 오랜만에 맛보는 즐거움이 쏠쏠했다. 예전 독일 남부의 일간지에서 일할 때 헤커는 와인을 주제로 한 글을 심심찮게 썼다. 프란치스카 덕분에 그는 독일 남서부의 와이너리에도 제법 밝았다. 그 가운데 두 곳이 이 책에도 등장한다.

그리고 헤커는 또 다른 관심사에 달려들었다. 헤커는 구글에서 66번 국도를 검색했다. 시카고에서부터 캘리포니아의 산타모니카에 이르는 코스의 몇몇 중간 지점들을 살폈다. 거리와 소요 시간을 계산하고 렌터카 업체에서 비용을 알아본 다음, 베를린에서 시카고, 로스앤젤레스에서 베를린까지 가는 항공편을 찾아보았다. 계산해보니 여행 경비가 그의 예상을 훌쩍 넘어섰다.

자연스레 간이매점의 친구들이 떠올랐다. 이런 여행을 꿈꿀 수 있다는 것만으로도 얼마나 행복한가. 대다수 은퇴한 노인들은 엄두도 내지 못할 여행이다. 그들은 마요르카로 가는 값싼 단체 여행도 생각할 수 없는 처지다. 그런데 헤커는 지금 미국을 횡단하는 여행을 계획한다! 비용은 어떻게든 마련할 수 있으리라.

지금은 아이디어에 불과하지만 그는 이 계획을 프란치스카에게 이야기할 것을 생각만 해도 가슴이 벅찼다. 반드시 아내에게 이 여행을 선물하리라. 프란치스카는 깜짝 놀라겠지. 이 책의 원고를 매만진 보수와 몇 번 더 비슷한 일을 하면 내년 9월, 늦어도 10월까지는 충분한 예산을 모을 수 있으리라. 헤커는 자신의 낙천적 태도에 깜짝 놀랐다. 이런 낙천주의는 파울라에게서만 볼 수 있었던 건데.

헤커는 다시 와인 원고에 달려들었다. 원고를 교정해가며 딱딱한 문장을 쓸 만한 문장으로 바꾸고, 복잡한 문장을 간단하게 다듬고 단락을 정비해나갔다. 어떻게 시간이 가는지도 몰랐다. 자정이 되었을 때 그는 이미 원고의 절반 이상을 끝냈다. 나머지는 내일 해야지. 헤커는 미소를 지었다. 자신이 생각해도 매우 빠른 솜씨다. 1차 교정이 끝나고 나면 신문사에서 그랬듯이 전체를 다시 매끄럽게 매만져주리라고 생각했다. 그는 참으로 오랜만에 흡족한 미소를 지었다.

물론 헤커는 자신이 은퇴 문제를 남김없이 풀었다고 생각하지 않았다. 그러나 출발이 중요하다. 그는 출발이라는 단어가

주는 좋은 울림을 즐겼다. 벌써 몇 달째 그는 자신의 풍부한 어휘력에도 출발이라는 단어를 잊고 있었다. 고작해야 이제 끝의 출발인가 같은, 판에 박힌 말만 했을 따름이다. 출발이라는 단어는 자신 안에 무엇인가 다른 게 숨겨져 있다는 느낌을 주어 좋았다. 그래, 이제 다시 내 인생을 출발해보는 거다. 프란치스카도 다시 헤커와 함께 출발할 다짐을 하는 것만 남았다. 헤커는 아내가 마음을 풀기를 희망했다. 물론 이런 희망은 아직 그만의 것이다. 아까 전화 통화를 할 때 느꼈던 아내의 쌀쌀함이 여전히 마음에 걸렸다.

당신과 함께

○

결코 자만하지 말라! 진실은,
시간은 누구에게나 공평하다는 것

다만 그녀의 입가에 살짝 미소가 번지는 것을 그는
놓치지 않았다. 기쁜 걸까?
아니면 이 모든 것이 아내가 딸과
짜고 벌인 일일까?
헤커는 알 길이 없었다.

다음 날, 날씨가 미치광이 놀이를 했다. 12월임에도 기온이 섭씨 22도였다. 헤커는 전에 이런 적이 있었는지 전혀 기억이 나지 않았다. 그는 날씨의 이런 장난이 무슨 의미가 있는 건 아닌지 고민에 빠졌다. 저녁에 프란치스카와 만나기로 했는데 날씨의 이런 변덕은 무엇을 뜻할까? 마침내 세상이 미쳐 돌아가나? 아니면 한겨울의 이런 온화함은 얼어붙은 심장이 따뜻해진다는 걸 의미할까? 이런 기록적인 날씨가 내 개인사와 관련이 있다고? 이 무슨 말도 안 되는 이야기인가.

그럼에도 헤커는 프란치스카와의 만남을 암시하는 징후를 곳곳에서 발견했다. 이를테면 그가 즐겨 찾는 벤치 앞의 슈프레강에 백조들이 깨끗이 자취를 감추었다. 백조들이 무슨 경고라도 하는 것일까? 오늘 터무니없는 자신감은 금물이라고?

말도 안 돼. 짐작과 예단은 금물이라고 헤커는 다짐 또 다짐했다. 그러나 조금 뒤 굴뚝청소부가 거리를 지나가는 모습을 보고 그는 히죽 웃었다.*

헤커는 약속 시간보다 30분 전에 카페에 도착했다. 카푸치노 한 잔을 주문하고는 카페에 비치된 신문을 읽었다. 그러나 이내 대체 무엇을 읽었는지 기억하지 못하는 자신을 발견했다. 단어와 문장이 도통 머리에 들어오지 않았다. 그의 머리는 다른 문제와 씨름하고 있었다. 헤커의 초조함은 여섯 시가 가까워올수록 커져만 갔다.

프란치스카는 너그러웠다. 그녀도 10분이나 일찍 왔다. 이것을 좋은 조짐으로 받아들여야 할까? 하지만 헤커에게 다가온 프란치스카는 포옹도, 키스도 하지 않고 딱딱하게 인사했다.

"안녕."

헤커는 그녀가 피곤해 보인다고 생각했다.

"수염은 깨끗이 면도했어."

"그래, 그거야 흘려볼 수 없지."

프란치스카는 대꾸하며 녹차를 한 잔 주문했다.

"저녁에 그걸 마시면 잠을 이루지 못하잖아."

---

* 서양에서는 굴뚝청소부를 보는 것을 길조로 받아들이는 풍습이 있다.

헤커가 말했다. 그는 그녀를 잘 안다는 자신감과 근심을 과시하고 싶었다.

"잠이야 어차피 못 자는데, 뭐."

두 사람은 한동안 아무 말도 하지 않았다. 마침내 프란치스카가 입을 열었다.

"그래, 할 얘기가 뭐야?"

"아무것도 없어. 나는 그냥 당신하고 같이 앉아 있고 싶었어."

"나는 또 무슨 대단한 이야기라고."

이제 프란치스카는 약간 웃었다. 꾸민 티가 역력한 웃음이다. 지금 초조한 사람이 나만은 아니구나.

"그래, 토마스. 무슨 이야기가 하고 싶은 거야?"

헤커는 카페 종업원에게 두 번째 카푸치노를 주문했다. 그는 카페로 오는 길에 굴뚝청소부를 봤다는 이야기를 해주고 싶은 마음이 간절했다. 그러나 마음과 다르게 그는 날씨 이야기를, 12월의 이상기후를 언급했다. 11월의 추위를 생각하면 지금 날씨가 마음에 든다고도 했다.

"나는 날씨 때문에 머리가 아파."

프란치스카가 말했다. 헤커는 속이 상했다. 이런 언짢은 말투는 그녀에게서 처음 들어본다. 그녀는 오늘 가시가 돋친 것 같다. 헤커는 다시 물었다.

"일은 어때?"

"그냥 그래. 특별한 건 없어."

"돌아올 거야?"

헤커는 돌연 이렇게 물었다. 전혀 의도하지 않았던 물음이라 그 자신이 더 놀랐다. 아무런 예비 작업도 없이, 그 어떤 조짐도 주지 않은 물음이었다. 헤커는 이런 물음을 전혀 의도하지 않았다. 먼저 분위기를 다정하게 이끌고, 친밀함을 되살리고 싶었을 뿐이다. 그러나 갑자기 이 물음이 뚜벅 입 밖으로 나왔다.

"그거야 내가 결정할 문제가 아니지. 결정은 당신이 해야지."

프란치스카가 말했다. 헤커는 그녀의 얼굴을 바라보며 '왜 나야?' 하고 묻고 싶었다. 그러나 그 대신 그는 이렇게 말했다.

"한스가 죽었어."

"한스?"

헤커는 이야기를 하기 시작했다. 동창생 한스, 학창 시절 가장 친한 친구였던 한스, 왜 당신도 어깨에 등산용 로프를 두른 사진 봤잖아. 이야기도 여러 번 했고. 프란치스카는 기억이 난다고 했다.

헤커는 뮌헨에서 있었던 한스의 장례식에 다녀온 이야기를, 그곳에서 찰리를 만난 이야기를 했다. 그러나 무엇보다도 그는 열차를 타고 오가는 동안 했던 생각을, 살아 있음의 선물에 느끼는 감사를, 다시 인생을 시작하고 싶은 욕구와 겸손과 품위를 이야기했다. 하마터면 그는 백조 이야기도 할 뻔했다. 그러나 마지막 순간에 마음을 다지면서 시간의 소중함을 힘주어 말했다. 헤커는 미국 여행 계획도 말할까 하다가 그건 안 된다고 속으로 눌렀다. 지금 프란치스카의 환심을 사려는 게 아니지 않은가. 선물로 유혹하는 태도도 안 된다. 지금 중요한 것은 인생에 새롭게 품는 의욕을 그녀에게 납득시키는 일이다.

헤커는 이야기를 하는 동안 그녀의 얼굴을 주의 깊게 관찰했다. 자신의 말이 남겨놓는 흔적을 하나도 놓치지 않으려 했으나 그녀의 표정에는 변화가 없었다. 그러나 프란치스카는 귀를 기울여 그의 이야기를 들었다.

그는 사과하고 싶다고 말했다. 은퇴 이후 몇 주 동안 함께한 시간이 견디기 힘들었을 거라고, 힘들게 만들어 미안하다고 말했다.

"나는 오로지 나 자신만 봤어. 당신을 배려하지 못한 것 정말 미안해."

헤커는 자신이 왜 그랬는지 지금 생각하면 이해할 수 없다고도 했다. 그리고 파울라 이야기도 했다. 딸이 아빠를 걱정해 시간이 날 때마다 전화를 걸어주어 감동했다면서.

"알아. 매일 파울라와 통화했어."

프란치스카가 말했다. 헤커는 당황했다.

"뭐라고? 파울라랑 매일 통화했다고?"

"응. 왜? 안 돼?"

순간 헤커는 기만을 당했다는 느낌을 지울 수 없었다. 자신은 프란치스카가 어찌 지내는지 거의 몰랐는데, 아내는 파울라를 통해 자신의 일거수일투족을 꿰고 있었단 말인가? 그는 아무 말도 하지 않고 아내의 얼굴을 물끄러미 바라보았다. 그녀의 표정에서는 잘못했다는 미안함을 읽을 수 없었다.

"그럼 당신은 모든 걸 알고 있었어? 뮌헨, 한스, 찰리 등을?"

"정확히는 모르지."

헤커는 슬그머니 부아가 치미는 것을 느꼈다. 그렇지만 있는 힘을 다해 백조가 전해준 메시지를 새겼다. 자만하지 말자! 지금 교만하게 굴 권리를 가진 사람은 프란치스카다.

"그럼 아마 최신 소식도 알겠네?"

"무슨 소식?"

헤커는 와인 책을 이야기하며 프란치스카의 얼굴을 자세히 살폈다. 그녀의 얼굴은 이걸 새 소식이라고 여기는 표정이 아니었다. 다만 그녀의 입가에 살짝 미소가 번지는 것을 그는 놓치지 않았다. 기쁜 걸까? 아니면 이 모든 것이 아내가 딸과 짜고 벌인 일일까? 헤커는 알 길이 없었다.

이윽고 그는 말했다.

"프란치스카, 돌아와. 모든 게 다시 좋아진다고 약속은 못해. 하지만 그 저주받을 은퇴를 이제는 더 잘 다룰 수 있다고 믿어. 해볼게. 하지만 약속은 못 해. 내가 거짓말 못 하는 건 당신이 더 잘 알잖아."

"그래, 이게 당신이 나한테 한 최고의 약속이야."

이제 프란치스카의 얼굴은 더는 피곤해 보이지 않았다. 저녁 식사를 준비해놨다고 헤커가 말했다. 라인 지방의 방식대로 요리한 자우어브라텐으로 사과소스를 얹었다. 프란치스카가 가장 좋아하는 요리다. 함께 갈래. 여기서 멀지 않은데.

"좋아."

프란치스카가 말했다.

후기 그리고 감사의 말

나는 헤커가 아니다. 하지만 책 표지에서 벤치에 앉은 남자, 어디에 눈을 두어야 할지 몰라 쑥스러워하는 남자는 나다.[*] 그리고 그 남자는 헤커와도 약간 닮았다. 물론 닮아서는 안 되지만. 헤커라는 인물은 세상에 존재하지 않으니까.

그렇지만 은퇴한 노인 토마스 헤커는 완벽히 허구적인 인물은 아니다. 그는 나와 같은 나이이며 내가 한 경험을 했고 나와 비슷한 풍모를 가졌다. 항상 그런 것은 아니다. 헤커라는 인물에는 다른 많은 경험도 녹아들었기 때문이다. 나는 은퇴를 맞이하거나 이미 오래전부터 은퇴 생활을 해온 사람들을 만나

---

[*] 여기서 표지는 독일 원서의 표지를 말하며 이 책의 표지에는 해당 내용이 없다(편집자 주).

이야기를 나누었다. 그들은 내게 자신이 품은 두려움을, 자신이 겪고 있는 위기를, 자포자기하고 싶은 절망을 털어놓았다. 물론 희망과 기쁨도, 은퇴의 행복도 이야기했다. 새겨들을 만한 이런 모든 이야기로 토마스 헤커와 그의 이야기가 빚어졌다. 그래서 이 책은 실화다.

물론 은퇴했다고 해서 모두 새로운 인생 단계에 적응하는 데 헤커처럼 어려움을 겪지는 않는다. 대개는 놀랄 만한 의연함으로 이겨내지만 몇 주 또는 몇 달이 걸려야 적응하는 사람도 적지 않다. 그리고 헤커가 빠졌던 곤경과 부부 생활의 위기를 겪는 사람도 드물지 않다. 많은 이들은 병을 앓는다. 아무튼 은퇴는 매우 심각한 사안이다.

나는 운이 좋았다. 헤커와 달리 나는 65번째 생일을 넘겨서도 오랫동안 일했던 일간지 《타게스슈피겔Tagesspiegel》에서 기자로 활동할 기회를 얻었다. 내게 기회를 준 편집장들에게 심심한 감사를 전한다. 또 이 책을 쓸 시간을 베풀어준 편집부 동료들에게도 감사한다.

또 감사를 드려야 할 사람은 원고를 쓰는 동안 비판과 격려를 아끼지 않았으며 최초로 원고를 읽어준 분들이다. 우선 나는 원고를 가장 먼저 읽어준 아내 안네테에게 감사한다. 아내는 프로의 솜씨로 이 책의 첫 줄부터 동반해주었다. 나의 딸 율리아와 여동생 비르기트에게도 고맙다는 말을 전한다. 마지막으로 친구 헬무트 케르셔에게 감사한다. 이들의 도움과 지원이 없었다면 헤커의 이야기는 탄생하지 못했다.

가장 마지막에, 그러나 본래는 가장 먼저 감사해야 할 사람은 로볼트Rowohlt 출판사의 편집자 디아나 슈툽스Diana Stübs다. 그녀는 이 책의 아이디어를 내게 제공했고 원고를 정확하고 꼼꼼하게 다듬어주었다.

은퇴와 노년의 문제를 다룬 책은 많다. 대개 자기계발서이거나 재정적인 관리 혹은 은퇴 관련 일 처리를 돕는 지침서다. 그 외에는 위로를 선사하거나 노년을 장밋빛으로 그리려고 시도하는 책들이다. 물론 은퇴 생활의 현실과 직면하는 경우는 거의 없다. 이 새로운 인생 단계를 성공적으로 감당할 수 있게 해주는 도움은 찾아보기 힘들다. 숱하게 많은 책들 가운데 단 몇 권만 골랐다. 모두 이 주제를 매우 진지하게 다루고 있으며, 이 책을 쓰는 데 실질적인 도움을 준 책들이다.

시몬 드 보부아르, 『노년 La Vieillesse』, 778쪽, 라인베크: 로볼트출판사, 1977년.

이 책은 40년이 넘는 역사를 자랑하기에 현재의 흐름과 맞지 않는 부분은 있다. 이를테면 지난 몇십 년에 걸친 인구구조의 변화는 당연히 다뤄지지 않았다. 그럼에도 이 책은 내가 알기로 노년의 문제를 가장 철저히 다룬다. 800쪽에 가깝게 생물학, 심리학, 역사 등 노년의 가능한 모든 측면을 조명한다.

시몬 드 보부아르가 특히 주목하는 것은 고대에서 20세기에 이르기까지 늙어감의 문학적 극복이다. 그녀는 이 책에서 늙어감의 느낌이 무엇보다도 당사자의 경제적 상황에 따라 달라진다는 점을 아무 꾸밈도 없이 적나라하게 지적한다(이 책은 국내에 『노년: 나이듦의 의미와 그 위대함』(홍상희·박혜영 역, 책세상, 2002년)이라는 번역본이 나와 있다-옮긴이).

한넬로레 슐라퍼Hannelore Schlaffer, 『늙음: 젊음의 꿈 Das Alter. Ein Traum von Jugend』, 110쪽, 프랑크푸르트 암 마인: 슈르캄프, 2003년.
독문학 교수인 한넬로레 슐라퍼 역시 노년이 매우 다양하게 체험될 수 있음을 보여준다. 그러나 그녀는 보부아르처럼 가난과 부를 갈라 보지 않고 여성과 남성의 차이에 주목한다. 그녀는 성별이 노화 과정을 전혀 다르게 체험하게 만든다고 강조한다. 이 에세이의 결론에 따르면 노년의 실질적인 패배자는 여성이다(이 책은 국내에 『노년의 미학』(김선형 역, 경남대학교출판부, 2005년)이라는 번역본이 나와 있다-옮긴이).

팻 테인Pat Thane 편, 『노년의 역사The Long History of Old Age』, 320쪽, 다름슈타트: 프리무스, 2005년.

이 책의 특별한 점은 관련 자료를 잘 정리했다는 것이다. 약 230장의 사진들이 지난 세기들의 늙음을 풍부하게 보여준다. 게다가 역사적 단계마다 늙음이 어떤 모습이었는지 아주 풍부한 정보를 담은 책이다(이 책은 국내에 『노년의 역사』(안병직 역, 글항아리, 2012년)라는 번역본이 나와 있다-옮긴이).

장 아메리Jean Améry, 『늙어감에 대하여Über das Altern』, 167쪽, 슈투트가르트: 클레트코타, 1968년.

다섯 편의 에세이를 모은 이 책은 1968년에 출간된 것으로 여전히 읽을 가치가 대단히 높다. 특히 나는 마지막 장 '죽어가며 살아가기'를 인상적으로 읽었다. 쉽지 않은 독서였다(이 책은 국내에 『늙어감에 대하여』(김희상 역, 돌베개, 2014년)라는 번역본이 나와 있다-옮긴이).

질비아 보벤셴Silvia Bovenschen, 『늙어가다Älter werden』, 155쪽, 프랑크푸르트 암 마인: 피셔, 2006년.

나이를 먹으며 무엇이 변할까? 저자는 이 물음에 대단히 훌륭한 답을 준다. 섬세해지고 지혜로워지며, 이야깃거리가 많아지고 아포리즘을 자랑하게 된다. 그 힘을 개인적인 인생 경험에서 길어 올리는 정신의 아름다움이 돋보이는 책이다. 늙어가는 여성의 안목으로 관찰한 것이기에 의미가 더욱 새롭다. 개인적으로 아주 즐겨 읽는 책이다.

노르베르토 보비오Norberto Bobbio, 『나이에 관하여De Senectute』, 139쪽, 베를린: 바겐바흐, 2004년.

이탈리아의 철학자인 저자가 강연과 논문 모음집으로 이 책을 펴냈을 때는 이미 80세를 넘긴 나이였다. 지혜로우면서도 약간 멜랑콜리한 분위기를 풍기는 인생 결산이다.

스벤 쿤체Sven Kuntze, 『신사처럼 늙자: 여유로움과 활동 사이에서Altern wie ein Gentleman. Zwischen Müßiggang und Engagement』, 256쪽, 뮌헨: 베르텔스만, 2011년.

제목을 잘못 단 점이 좀 안타깝지만 은퇴 생활의 사려 깊은 기록, 친구와 위기와 승리와 패배가 엇갈리는 은퇴 생활의 기록이다. 환상이라고는 허락하지 않지만 절대 감상에 젖지 않으며 유머와 친근한 분위기로 많은 생각을 하게 만드는 책이다.

베티나 폰 클라이스트Bettina von Kleist, 『자명종이 더 울리지 않을 때는: 은퇴 생활의 파트너Wenn der Wecker nicht mehr klingelt. Partner im Ruhestand』, 235쪽, 뮌헨: dtv, 2008년.

저널리스트 베티나 폰 클라이스트의 이 책은 주로 은퇴 생활이 부부 관계에 미치는 영향을 다룬다. 노인 부부들과 인터뷰한 내용을 모은 책이다.

필립 로스Philip Roth, 『에브리맨Everyman』, 172쪽, 뮌헨: 한서, 2006년. 마지막으로 소설이다. 자신의 죽어감과 철저하게, 때로는 절망에 사로잡혀 벌이는 투쟁의 이야기다. 평생에 걸쳐 죽음으로부터 도망가려 한 기록이다. 책의 정점을 찍는 것은 다음 문장이다. "늙음은 투쟁이 아니다, 늙음은 학살이다." (이 책은 국내에 『에브리맨』(정영목 역, 문학동네, 2009년)이라는 번역본이 나와 있다-옮긴이).

은퇴

1판 1쇄 인쇄 2021년 11월 18일
1판 1쇄 발행 2021년 11월 25일

지은이 볼프강 프로징거
옮긴이 김희상
펴낸이 이종호
편 집 김순영
디자인 씨오디
발행처 청미출판사
출판등록 2015년 2월 2일 제2015-000040호
주 소 서울시 마포구 토정로 158, 103-1403
전 화 02-379-0377
팩 스 0505-300-0377
전자우편 cheongmipub@daum.net
블로그 blog.naver.com/cheongmipub
페이스북 www.facebook.com/cheongmipub
인스타그램 www.instagram.com/cheongmipublishing

ISBN 979-11-89134-29-7 03100